Bibliographische Information der Deutschen
Nationalbibliothek
Die Deutschen Nationalbibliothek verzeichnet diese
Publikation in der Deutschen Nationalbibliografie;
detaillierte bibliografische Daten sind im Internet
über http://dnb.d-nb.de abrufbar.

AF222732

1. Auflage 2008

Herstellung und Verlag:

Books on Demand GmbH, Norderstedt

©Norbert Spriewald 2007

ISBN 978-3-8370-2437-1

Norbert Spriewald

Das „StAbi "-Modell

- Lebenslanges Lernen durch Stufen-Ausbildung-

Ein verständliches Bildungskonzept für mündige BürgerInnen

StAbi statt **Abi**

in einer ausgequetschten Gesellschaft

Ein verständliches Bildungskonzept für mündige BürgerInnen

Mit Illustrationen von   Jörg Spriewald

Für die Korrekturlesungen, Anregungen und Beseitigung von orthographischen Fehlern meinen herzlichen Dank an meine Freunde ohne die dieses Buch nicht so erschienen wäre, insbesondere Schulamtsdirektor i. R. Rudolf Otto, Arbeitsamtsdirektor i.R. Rolf Deiters, Marc Schneider und besonders auch an meine Sekretärin Angelika Kayser.

Vorbemerkungen zum Buch

Die zentralen Themen dieser Buchreihe: Eine Gesellschaft,

- die nur dem Produktionsfaktor Arbeit alle Soziallasten der Gesellschaft auferlegt,
- deren Bildungssystem mit 10 Jahren Vorlaufzeit in Bezug auf Qualität und Quantität am Bedarf vorbei „produziert",
- die eine kostengünstige und zeitnahe Rechtsprechung verweigert,
- die Manager ohne jegliches persönliches finanzielles Risiko zu Lasten der Gesellschaft und auch der Kapitaleigner agieren lässt
- und jede unternehmerische Kreativität /Aktivität im Ansatz erstickt, durch ein Labyrinth aus gleichzeitig zu beachtenden und widersprüchlichen Steuer- und / oder Sozialversicherungs- und /oder Arbeits- und / oder Verwaltungs- und /oder Bau-Recht,

wird nicht zukunftsfähig sein, weil unter dem Mandarin-Syndrom leidend und „untergegangener" Gesellschaftsformen nachfolgen.

In meinem Buch als Gesamtausgabe:
„Das Mandarin(en) Syndrom"
beschreibe ich die Versäumnisse und Missstände und entwickle in verschiedenen miteinander verbundenen Bereichen der Volkswirtschaft Lösungsvorschläge auf der Basis unseres Grundgesetzes, die letztlich die Gesellschaft durch eine verstärkte Chancen-, Bildungs-, Risiko-, Unternehmens- und Steuergerechtigkeit zukunftsfähig machen können.

Seit Jahren nahm ich zur Kenntnis, dass „juristische Personen", hier Aktiengesellschaften, Vereine und Genossenschaften Geschäfte eingehen und Risiken tragen, die nichts mit der Gründungsidee zu tun hatten und horten die Beiträge / Gewinne, statt sie an die Anspruchsberechtigten / Kapitaleigner auszuzahlen.

Aktienkurse, Spekulationen, und Firmenan- und -verkäufe suggerieren ein prosperierende Wirtschaft, jedoch es ist in erster Linie eine „Riesen – Monopoli - Spiel", bei dem nichts produziert, sondern nur umvertcilt wird.

Es ist ein „0-Summen-Spiel", bei dem der verliert, der den zu „kurzen Atem hat (Wer wohl ?). Gelegentlich verspekuliert sich auch der „Große", denn während ich dieses Buch schrieb, wurde nachstehendes vom Markt bestätigt Die „Großen machten Milliarden Verluste oder Gewinne, die unserer Volkswirtschaft für die Binnennachfrage und Ausbildung nun fehlen (Das Geld ist nicht weg, es ist nur woanders).

Diese Erkenntnis im Zusammenhang mit den seit 20 Jahren ansteigenden und ausfernden Managergehältern in Verbindung mit volkswirtschaftlich nicht vertretbarem Kapitalexport und fehlender **konstruktiven** Gesellschaftskritik, waren Anlass diese Buchreihe zu schreiben.

Ein Buch, das nicht harmonisierend wirkt, sondern vielen Personen und Funktionsträgern – letztlich vor allen Dingen dem Leser selbst, wegen seiner Lethargie, Erduldung, Anpassung oder Konformität „auf die Füße tritt", damit er wach wird.

Nähere Kurzinformationen unter:

www.mandarin-syndrom.de

Es werden Missstände nicht nur beschrieben, sondern konkrete Vorschläge zur Beseitigung der Missstände oder besser die Grundlagen für die Diskussion und Umsetzung von Veränderungen werden geliefert.

Fragen über Fragen.

Dieses Buch wird versuchen Antworten zu geben, die einen Lösungsansatz ermöglichen, jedoch zumindest einen **politischen Denkanstoss** zur Lösung der gesellschaftlichen Probleme geben sollen.

Eine Namensgebung dafür hat nur einen semantischen Charakter. Auf die tatsächlich realisierten Inhalte / Wirkungen kommt es an..

Nur schwerpunktartig erfolgt an dieser Stelle eine Auflistung der exemplarischen Fragen, die in der Ursachenbeschreibung das „Mandarin-Syndrom" verdeutlichen und die zur Überwindung des Mandarin Syndroms gesellschaftliche (politische) Veränderungen notwendig machen.

a) Finanzierung des Sozial-Versicherungs-Systems
> Frage: Warum wird nur die „Arbeit" mit der sozialen Sicherung der Gesellschaft belastet ?
> Frage: Warum wird –obwohl die Sozial-Versicherungsbeiträge für gesamtgesellschaftliche Aufgaben zweckentfremdet werden (=Sozial -Steuern) – willkürlich eine sog. Beitragsbemessungsgrenze gesetzt?

b) Ausbildung (Schul- und Studiensystem)
> Frage: Warum ist heute ein/e familiengründungsfähige/r und wahlberechtigte/r 18-20 jährige/r Mann bzw. Frau nicht in der Lage sich selbst, geschweige denn seine/ihre „neue" Familie zu ernähren?

c) Gerichtsabläufe (Prozessdauer) und Kostenverteilung
> Frage: Warum wird jedes „Sich –Wehren" zu einem wirtschaftlichen Harakiri ?
> Frage: Warum muss –neben den Bürgerpflichten –ein Unternehmer zusätzlich bei Streitigkeiten zwischen Bürger und der Exekutive immer unentgeltlich für Verwaltungsauflagen

bezahlen, auch wenn diese Auflagen / Anordnungen / Zahlbescheide zu Unrecht ergangen sind ?

d) Kapital -/ Überschuss-Zweckentfremdung.

Frage: Wodurch soll es gerechtfertigt sein, das erzielte Gewinne an den tatsächlichen Kapitalbesitzern vorbei in Risikogeschäfte oder sogar in Konkurrenzunternehmen fließen?

Frage: Verdienen die Vorstände nicht genug, um mit „eigenem Geld" neue, risikobehaftete Geschäftsideen zu verfolgen ?

e) Steuerrecht

Frage: Ist eine neue „Moral" gefragt oder genügt der Hinweis, dass Fehlbeträge des Staates doch nur bei den „Kleinen" wieder einkassiert werden, die zwar 30 € illegal dem Staat vorenthalten haben und nun dafür 100 € höhere steuern Zahlen müssen? Jeder weiß / macht / billigt es, das „Kavaliersdelikt: Steuerhinterziehung", das letztendlich nur den „Grossen" etwas bringt.

Kritische Fragen benötigen nicht nur eine Problemanalyse, sondern auch Antworten oder zumindest realisierbare Lösungswege um Antworten zu finden.

Sie, liebe(r) Leser(in), sind ein „Ökonom (in) oder ein vollständig informierte(r) Bürger (in) und haben sich für **diesen** kostengünstigen **Sonderdruck** entschieden.

Gleichwohl umreißt der Autor auch die anderen Themenfelder und stellt zum besseren Verständnis

im I. Teil „VOWIG" und

im II. Teil auch „Das Mandarin(en) Syndrom"**auszugsweise** vor.

Im III. Teil wird die unter b) gestellte, meiner Meinung nach wichtigste Frage in unserer Gesellschaft, die **Ausbildung** unter dem Gesichtspunkt „**lebenslanges Lernen**" aufgearbeitet und auch ein Lösungsmodell „StAbi" und

Im IV. Teil wird die Zukunftsfähigkeit dieser Gesellschaft , die Folgen einer zwingend notwendigen Richtungsänderung und ein Zeitplan für diese notwendigen Änderungen vorgestellt.

Tauchen zu viele neue Begriffe auf oder werden die Ursachen und Zusammenhänge unklar oder missverständlich, empfehle ich Ihnen zumindest den Sonderdruck (ebenfalls kostengünstig), "VOWIG",
„**Volkswirtschaft als Instrument der Gesellschaftskritik**",
vorher zu lesen.

In allgemein verständlicher Form hat der Autor bereits komplizierte Einzelaspekte der Volkswirtschaft erklärt und Zusammenhänge hergestellt, damit die getätigten Vorschläge nachvollziehbar werden.

Inhaltsverzeichnis

I. Teil – Begriffsklärung (Auszug aus VOWIG)

Wie wirken die verschiedenen Einzelheiten der volkswirtschaftlichen, soziologischen und politischen Gegebenheiten zusammen?

> *Um Missverständnissen vorzubeugen, ist eindeutig zwischen der Wirtschaft, der Wirtschaftsordnung und der Gesellschaftsordnung zu unterscheiden.*

Die Wirtschaftsordnung wird durch das Gesellschaftssystem, d.h. durch die Politik und Gesellschaftsordnung überlagert.

Erst durch diese Überlagerung von Politik und Gesellschaftsordnung erwirbt sich das „natürliche" Wirtschaftsprinzip - die „Marktwirtschaft" - jetzt den Zusatz „sozial" oder „frei" oder sie ist „faschistisch" oder "kapitalistisch" oder kehrt sich durch zu starke Einflussnahme in das Gegenteil, in eine „Planwirtschaft" um (jedoch: Ernteausfälle, Umweltkatastrophen sind nicht planbar).

Gleichwohl sind die wirtschaftlichen Grundprinzipien immer die gleichen, d.h. das später beschriebene Wirtschaftssystem mit allen Faktoren ist „natürlicher", funktioneller Art und stellt lediglich nach vielen Fehlentwicklungen eine Analyse aus der realen Welt dar, z.B. Feudalismus, Kolonialismus, Manchester Kapitalismus, Kommunismus, Faschismus und nicht zuletzt der Neoliberalismus.

Bevor notwendige Kritik geäußert wird, Systemveränderungen oder Reformen – hin zu irgendetwas – gefordert werden, sollte ein annähernd ähnliches Begriffsverständnis erzeugt werden.

Die semantische Bedeutung der Sprache wurde (bewusst) verfälscht, denn „Peacemaker" ist kein Friedensmacher, sondern ein Revolver.

Reform bedeutet nicht Rückgriff auf „Altes", sondern Veränderung zu etwas „Neuem", daher:

"Meinen wir das Gleiche, verstehen wir uns ?"

> *Alleine die zuvor genannten, „wertbeladenen" Begriffe bedürfen einer eindeutigen Klärung, bevor Missverständnisse entstehen.*

Am nachstehenden Begriff wird verdeutlicht, wie weit sich die Wahrnehmung des Wortes von der ursprünglichen Sinngebung entfernt hat.

Was ist ein Kapitalist ?

Kurz und knapp, denn bisherige Erklärungen sind ideologisch verfremdet.

> *Ohne Konsumverzicht ist eine Kapitalbildung aus dem Zusammenwirken von Arbeit und Bodenerträgen undenkbar.*

Schon in der „Steinzeit" war es so:

Einen Ast kann ich verbrennen und konsumiere so die „Wärme".

Oder ich friere (Konsumverzicht) und baue aus dem Ast ein Werkzeug (Speer), um anschließend schneller und besser zu jagen.

Verleihe ich dieses Werkzeug kostenlos (wieso eigentlich?), bin ich ein sozialer Mensch.

Verleihe ich es gegen Entgelt (Ertragsbeteiligung), ist **der „Kapitalist" geboren.**

Wie ein Bauer, der das Saatgut **nicht gegessen** hat, will dieser nun lediglich die Früchte seines Konsumverzichtes **ernten.**

Noch ein Kapitalist:

Ein Frisör übt Konsumverzicht, spart, kauft sich vom Ersparten eine Schere und mietet sich vom Ersparten ein Ladenlokal.

So stellt die Schere das **Kapital** des Frisörs dar,

der in gemieteten Räumen **(Boden)** nun Kunden

die Haare fantasievoll und sachgerecht schneidet (**Arbeit**).

Nicht der Besitz von Kapital oder Luxusgütern erzeugt einen „unsozialen Kapitalisten", sondern erst dessen wirtschaftliches Handeln, wenn dieses sich hauptsächlich am Kapitalbesitz und –einsatz ausrichtet.

Sachlogisch kann ein Kapitalbesitzer auch ein Sozialist sein, wenn sein wirtschaftliches Handeln sich am Menschen, seinen Mitarbeitern und Mitbürgern orientiert.

Gesellschaften die sich demokratisch für eine Gleichrangigkeit Arbeit und Kapital (und Boden) entscheiden, sind auch in einer Marktwirtschaft dem auf dem Weg zu einem demokratischen Sozialismus.

Dieser bedeutet nicht die zwangsweise Verstaatlichung von Kapital, was nicht bedeuten soll, dass der nicht vermehrbare Bodenbesitz und -schätze, das Transportwesen (Güter, Nachrichten, Menschen), Gesundheit und Kapitalverteilung (Banken, Versicherungen) zwingend auch im Besitz (im Sinne von Verfügungsgewalt) von Privaten bleiben müssen, es genügt wenn diese Bereiche nach marktwirtschaftlichen Gesetzen handeln.

Dementsprechend sollte (muss) bei der Verwendung und Interpretation (Nachvollziehen) bestimmter Begriffe auch das „Gleiche" darunter verstanden werden, sonst wird eine Diskussion sinnlos.

Noch deutlicher:

Beispielsweise ist die Farbe „rot" nicht gleich „rot", wenn der eine dabei an das Blut und der andere an das Abendrot und der Dritte an das Rot der Verkehrsampel denkt.

„Rot" ist dann in der Psyche entweder „negativ" oder „positiv" verankert und erzeugt beim Leser eine sehr selektive Wahrnehmung dessen, was geschrieben steht, mit einer Interpretation, die der Autor nie hatte und die wenig hilfreich für das Verständnis des Nachstehenden sein wird.

Ursache dafür sind Defizite volkswirtschaftlicher Zusammenhänge oder besser:

Wir haben den Mangel, die „Volkswirtschaft als System" zu betrachten.

Jeder sollte wie „Gott in Frankreich" leben können, wenn er dafür auch Leistung für die Gesellschaft gebracht hat.

Dieses bitte in einem angemessenen Verhältnis zu denen, die auch 8 Stunden pro Tag gearbeitet haben (ob 10 oder 50-fach, mag fragwürdig sein, nicht jedoch 100 bis -1.000-fach).

Was jemand ist, ist er nur „durch" und „in" dieser Gesellschaft.

Der Industriemanager / Kfz-Entwicklungsingenieur ist dieses nur durch die Industriegesellschaft und kann seinen Verdienst nur in dieser Industriegesellschaft realisieren, weder am Nordpol noch in Uganda.

Noch deutlicher: Der „deutsche Steuerberater" ist nur wegen der „deutschen Steuerkomplexität" notwendig und nur in Deutschland kann er seine Geschäfte realisieren, weder in den USA noch in Japan, nur hier.

Es zeigt, wo die Kritik all derer ansetzen muss, die das Prinzip der „Sozialen Marktwirtschaft" auf der Basis unseres Grundgesetzes reformieren und die eine soziale Gerechtigkeit, sowie eine Chancen-, Bildungs-, Risiko-, Unternehmens- und Steuergerechtigkeit herstellen wollen, egal ob mit liberaler, grüner, sozialer oder konservativer Grundhaltung.

Fehlender „Gestaltungswille" der Politik verbunden mit der Unfähigkeit des „Staatsapparates" und seiner „halbstaatlichen Organisationen", die Volkswirtschaft als ein „offenes System" zu erkennen und anzuerkennen, sich dementsprechend an eine schnell verändernde Gesellschaft (heute von der Industrie- zur Informationsgesellschaft) anzupassen, verhindert den Ausgleich der zutage tretenden gesellschaftlichen Asymmetrien von Gerechtigkeit.

In einer hochtechnisierten Welt ist eine „gewollte" oder ungewollte, jedoch durch Gesetze und Verwaltungen erzeugte Diskriminierung und „Gängelung", irgendeiner „Minderheit" schlicht nicht mehr möglich.

Der nordirische „Bürgerkrieg" ist ein Relikt aus dem letzten Jahrhundert, der „Balkan Krieg" war ein Versehen, die Lösung des „Südtirol – Separatismus" ein gelungenes Beispiel der Konfliktlösung.

Brennende Autos in Frankreich Ende 2005 sind ein Beispiel von Versäumnissen.

Gesprengte Strommasten in Südtirol, von Autobahnbrücken geworfene Steine, blockierte Eisenbahnweichen oder eine schlichte 8mm Stahlschraube in einer „Autoreifen-Gummischleuder" oder eine friedliche „Autobahnkreuzblockade" durch „500 Kleeblatt-Fahrer" auf dem „hinausgezögerten" Weg zu einer „angemeldeten Demo", zeigten die *Verwundbarkeit* einer modernen Industriegesellschaft.

Ein Interessenausgleich mit jeder gesellschaftlichen Gruppierung, bezogen auf „Minimal – Standard 's, ist zwingend.

Jeder Terrorismus – individuell oder staatlich - ist unmenschlich und absurd.

Bereits „halbindustrielle Länder" wie Israel zeigen die Grenzen einer unsinnigen Systemerhaltung; entweder sich selbst einmauern - wobei keiner weiß, „Wo ist drinnen, wo ist draußen?", „Wer sitzt denn nun im Gefängnis?" - oder weiterhin „Selbstmordattentate".

Konflikte derart lösen zu wollen sind im Grunde eine Beleidigung der menschlichen Intelligenz und hoffentlich der erreichte Gipfelpunkt der Mittelmäßigkeit.

Der notwendige, vorzunehmende bzw. zu initiierende Interessenausgleich findet nicht statt und es wird die Zukunftsfähigkeit der Gesellschaft, die Zukunft unser Kinder und Enkelkinder verspielt.

Es ist „Platz" zu machen für neue Ideen und neue Produkte, die bei einer wirklich funktionierenden Marktwirtschaft ohne „Verwaltungshemmnisse" und ohne „Überlastung des Produktionsfaktors Arbeit", für die arbeitslos gewordenen Arbeitnehmer „neue", bessere und besser bezahlte Arbeitsplätze schafft.

Evolution statt Revolution ist angezeigt.

II. Teil Auszug aus: Das Mandarin(en) - Syndrom

Früher: Das System der Mandarin im alten China (bis 1900), eine kaiserlich untertane Beamtenschaft, verhinderte seit dem Bau der chinesischen Mauer durch deren eigene Unbeweglichkeit und Machtgier jegliche Erneuerung und Evolution des Systems.

Dadurch resultiert der Untergang des chinesischen Reiches.

Heute: Die meisten abendländischen Gesellschaften (Industrienationen) zeigen die gleichen Symptome, ein System der Unbeweglichkeit (=Untergang?) Oder finden wir den 2. Weg ?

Seit der Ermordung von J. F. Kennedy und M.L. King, der Kuba - Krise, dem Vietnam Krieg, dem Golf Krieg und dem Chile Putsch, mit der Ermordung Allendes und seit dem hochaktuellen „unbeendeten" Irak-Krieg tauchen immer wieder „Verschwörungstheorien" unbekannter Mächte oder Geheimdienste auf, als ob es eine „globale Mafia" gäbe.

Präsident D.D. Eisenhower sagte im Januar 1961 in seiner Abschiedsrede an die Nation (Zitat):

„Heute können wir nicht mehr bei der Verteidigung unseres Landes improvisieren.

Wir waren gezwungen, eine große Rüstungsindustrie aufzubauen. 3,5 Millionen Männer und Frauen sind im Verteidigungswesen beschäftigt. Wir geben für die militärische Sicherheit jährlich mehr aus als alle amerikanischen Firmen netto einnehmen.

Diese Verbindung eines riesigen Militärapparates mit einer großen Rüstungsindustrie ist für Amerika eine neue Erfahrung. Der Einfluss in wirtschaftlicher, politischer und geistiger Ansicht macht sich in jedem Amt der Bundesregierung bemerkbar. Wir müssen vor unerwünschtem Einfluss auf der Hut sein.

Wir dürfen niemals zulassen, dass das Gewicht dieser Verbindung unsere demokratischen Einrichtungen gefährdet."

Bezogen auf Deutschland:
Wenn nach den kriegsbedingten Konzentrationen von Macht durch die Verbindung von Militär und Rüstungsindustrie der amerikanische Präsident von einer „Gefährdung der demokratischen Institutionen" ausgeht (s. v. g. Ereignisse), dann gilt dieses für Deutschland im besonderen Maße.

1945 hatten wir nur die Machtkonzentration von Groß- und Rüstungsindustrien mit einer undemokratischen Verwaltung und dem unbändigen Willen, Deutschland nach dem Krieg wieder aufzubauen, wirtschaftlich wieder „Weltklasse" zu werden, auch wenn der

Schweiß der „Trümmerfrauen" und die „Niedriglöhne" der „Wiederaufbauenden" bis 1970 nur das „Vermögen" und somit auch die Macht der „übriggebliebenen Besitzenden" mehrten.

Zwar wurden „Wirtschaftsriesen" wie die „IG-Farben" von den Amerikanern zerschlagen, Politiker mit demokratischer Grundüberzeugung mit Hilfe der Alliierten in „Machtpositionen" der Verwaltung hineingebracht.

Jedoch alle seit „Bismarck" entstandenen Organisationen mit zutiefst undemokratischen Strukturen, wurden unbehelligt gelassen und nach Abschluss des „Wiederaufbaues" – der Nachkriegszeit - durch sog. „Privatisierungen" gestärkt.

Sie wurden zu einem „sich selbst aufblähenden Polypen" mit einem „Selbstbedienungsladen" bei einer „Ausblendung" der gesellschaftlichen Verantwortung" und ohne eigenes finanzielles Risiko.

Das „Mandarin(en)-Syndrom" in Deutschland wird durch das extreme „Selbstbeharrungsvermögen" des Staatsapparates deutlich – immer wieder „Beamtenmikado":

„Wer sich bewegt, hat schon verloren", dies zeigt sich im Einzelnen in:

- der Exekutive (von Beamten in Ministerien und untergeordneten Behörden und Aufsichtsbehörden (Landschaftsverbände, Bezirksregierungen, Städtetag u.s.w.) bis herunter zu Schulabteilungsleitern bzw. Kassenleiter irgendeiner Behörde)
- der Legislative (karrieresüchtige Abgeordnete auf allen Parlamentsebenen wie Kommunal-, Landes- und Bundestagsabgeordnete mit Heerscharen von Zuarbeitern)

Fehlender „Gestaltungswille" der Politik verbunden mit der Unfähigkeit des „Staatsapparates" und seiner „halbstaatlichen Organisationen", die Volkswirtschaft als ein „offenes System" zu erkennen und anzuerkennen, sich dementsprechend an eine schnell verändernde Gesellschaft (heute von der Industrie- zur Informationsgesellschaft) anzupassen, verhindert den Ausgleich der zutage tretenden gesellschaftlichen Asymmetrien von Gerechtigkeit.

Der notwendige, vorzunehmende bzw. zu initiierende Interessenausgleich findet nicht statt und es wird die Zukunftsfähigkeit der Gesellschaft, die Zukunft unser Kinder und Enkelkinder verspielt.

Dieses ist übertragbar auf viele Länder in ähnlicher Entwicklungssituation, im Grunde auf alle Industrienationen, mit Ausnahme der skandinavischen Länder.

In allen Industrienationen findet seit den 80-er Jahren eine Rückentwicklung hin zu früheren –überwunden geglaubten - Wirtschaftsformen statt, bis hin zum Manchester Kapitalismus, Neoliberalismus oder zum Feudalismus / Neokolonialismus in den Entwicklungsländern.

> *Wir riskieren nur das, was anderen gehört,*
> *niemals jedoch unser eigenes Geld!*

Kapitalgesellschaften, Selbstverwaltungen und deren Organisationen, im Sinne von: „Wir setzen nur Geld ein und riskieren das, was anderen gehört, niemals unser eigenes Geld" - breiten sich aus, lassen sich fürstlich bezahlen und verzehren einen immer größeren Anteil des Volkseinkommens!

Niemand spricht darüber

- Die „Krake", „die juristische Person" als „Körperschaft des öffentlichen Rechts" (wie zuvor beschrieben) oder als Unternehmen breitet sich aus.

- Vereine (e.V.), GmbH´s, Genossenschaften, Aktiengesellschaften, Holdings etc, von denen niemand weiß, wem diese gehören (wahrscheinlich sich selbst oder untereinander verschachtelt), wessen Interessen diese vertreten und die alles Mögliche machen bzw. produzieren – nur nicht mehr das, wofür diese gegründet wurden.

- Eine **Selbstbedienung** der Vorstände zu Lasten der „ursprünglichen Kapitaleigner oder Mitglieder" und Konkurrenz „zu diesen", finanziert aus den „vorenthaltenen Gewinnen / Vergünstigungen" zu Lasten dieser Ursprungsgründer oder Mitglieder.

Die unmittelbaren Folgen werden zur Kenntnis genommen, jedoch nicht verhindert:

- Soziale Ungleichheit durch Prozesskosten zugunsten von Konzernen und Verwaltungen (Einsatz von **Privat- contra Fremd-** (= Betriebs- oder Volks-) **Vermögen**)

- Juristische „Aufsattelung" von Produktions- und Dienstleistungsprozessen (Betriebswirtschaftlich ist eine juristische „Abwehrabteilung" billiger als eine gute Entwicklungsabteilung)

- **Versicherungskonzerne contra Schadenanspruchsteller** z.B.: 1.000 anspruchsberechtigten Unfall-Geschädigten (s. Kfz-Versicherung) in einem beliebigen Zeitraum von beispielsweise einer Woche jeweils 500 € der berechtigten Ansprüche vorzuenthalten = 500.000 €, wobei nur 10 dieser Kürzungen tatsächlich zu Klagen mit Kosten von je 2.000 € = 20.000 € führen und somit ein Überschuss von 480.000 € entsteht.
  Das kann nicht als „Einsparung von Versichertengeldern" bezeichnet werden. Es ist **Betrug!**

- **Selektiv begünstigende Rechtsprechung und Verwaltungsentscheidungen** schon auf unterster Ebene (nicht berufungsfähig oder: „Sie haben keinen Anspruch auf eine Gleichbehandlung im Unrecht")

- **Jahrelange Prozesse mit hohem Prozessrisiko** für Anspruchsteller bei „0"-Risiko (=Portokasse) von Konzernen und Verwaltungen (Anspruchsteller werden in sinnlose Kleinprozesse verwickelt.
  Folge: Verzicht auf Rechtsmittel (Staatsverdrossenheit).

- Durch das Versagen eines zeitnahen Rechtsschutzes seitens der Gerichtsbarkeit werden die Handlungen der Konzerne und der öffentlichen Verwaltung auf das Niveau eines Gesetzgebers gehoben.

Die Folgen hat der Bürger zu tragen:

- Ein **Bildungssystem** mit 10 Jahren Vorlaufzeit „produziert" für eine „sich schnell entwickelnde", moderne Gesellschaft in Bezug auf Qualität und Quantität am Bedarf vorbei. Stellt letztendlich nicht der Wirtschaft die qualifizierten Ausgebildeten zur Verfügung, die eine moderne, zukunftsfähige Gesellschaft benötigt und erzeugt lediglich polemische Forderungen („Kinder statt Inder", bzw. „Inder statt Kinder").

- Wie zahllose **antiquierte Gesetze**, ist auch die derzeitige Justizverfassung nicht in der Lage, den Ansprüchen einer sich schnell entwickelnden Gesellschaft, im Sinne einer kostengünstigen und zeitnahen Rechtsprechung gerecht zu werden, obwohl einiges sich schon zum Positiven verändert hat (1967: „Unter den Talaren, der Muff von 1.000 Jahren", trifft nur noch gelegentlich auf „Fachgerichte" zu).

- Es wird „veränderungswilligen" Abgeordneten die Zeit gestohlen, es ist eine **Ressourcenverschwendung** „pur", wenn sich diese Abgeordneten beispielsweise innerhalb einer „Anhörung" mit 136 undemokratisch zusammengesetzten „Lobbygruppen" und 44 Gutachtern auseinandersetzen müssen und seitenlange, im „Ministerial-System" entstandene und mehrfach nach Einfluss der Lobbygruppen geänderte, unverständliche Gesetzestexte dem Bürger ob als Steuerzahler, Unternehmer oder als Anspruchsteller präsentiert werden, die diese unverzüglich zu beachten haben.

- Die Regelungswut der Institutionen, die letztendlich jeden, der zumindest versucht, diese Regelungen zu beachten – was nie gelingt, weil zu viele – in die **Kriminalitätsecke** stellt, im Gegensatz zu denen, die nichts dokumentieren oder beachten, d.h. der

Versuch alles beachten zu wollen –was nie gelingt - führt eher ins Gefängnis als ein bewusstes „kriminelles" Verhalten.

- Ein ganzes Labyrinth aus Steuer- und / oder Sozialversicherungs- und /oder Arbeits- und / oder Bau-Recht muss bei jeder Einzelentscheidung durchschritten werden (dagegen sind Play-Station- Programme etwas für den Kindergarten) und verhindert unternehmerische Kreativität.

Zur Verdeutlichung:
Die aktuellste Zusammenfassung aller Arbeitgeberpflichten zum Steuer- und Sozialrecht mit dem Hinweis:
„Damit werden Betriebe überprüft",
hat doppelspaltig im A4 –Format einen Umfang von 880 Seiten.
Plastisch: Es ist so groß und dick wie das Kölner Telefonbuch.

Der Irrsinn und die Ungerechtigkeit dieses Mandarin-Systems verdeutlicht sich beim Zusammenwirken von z. B. Arbeits-, Steuer- und Sozialversicherungs-Recht.

Evolution statt Revolution

Resignation nach meinen bisherigen Erfahrungen wäre zwar verständlich, jedoch eine alte ostasiatische Weisheit gibt Mut:
„Wer kämpft kann verlieren, wer nicht kämpft hat schon verloren".

Zwar hat M. Miegel nicht ganz unrecht:

- „Viele versuchen erst gar nicht, ihre Geschicke in die eigenen Hände zu nehmen. Warum sollten sie sich Gedanken über ihre Zukunft machen? Dazu fehlen ihnen die mentalen Anreize und nicht selten auch die materiellen Voraussetzungen. Der Staat hat sich zum Übervater entwickelt. Gegen ihn aufzubegehren, erscheint vielen sinnlos. Er lähmt Phantasie und Gestaltungswillen der Bürger und lenkt sich auf Nebengleise.
  Da herrscht Leben. Auf den Hauptstrecken zuckeln Politik, Wirtschaft und Gesellschaft mühsam dahin.

- Jeder Versuch, hieran etwas zu ändern, stößt auf erbitterten Widerstand."

  Miegel, Meinhard „ Die deformierte Gesellschaft";
  Auszug Seite 283 ff, s. Lit.- Verzeichnis, Nr. 6

und trifft sicherlich –wie selbst von diesem eingeräumt wurde: „auf viele zu", jedoch viele sind nicht alle.

Wenn bereits ein Sechstel aller Güter und Dienstleistungen „schwarz" erwirtschaftet wird:

- „... verhält sich [die Bevölkerung] hier zutiefst widersprüchlich. Einerseits kann sie von staatlichen Leistungen nicht genug bekommen. Andererseits zögert sich nicht, ein Sechstel aller Güter und Dienste in Schwarzarbeit zu erwirtschaften und einen mindestens ebenso großen Anteil in unbezahlter Nachbarschaftshilfe und Eigenarbeit , die ebenso gut oder besser über den Markt abgewickelt werden könnten.

  Miegel, Meinhard: „ Die deformierte Gesellschaft; Auszug Seite 169ff, s. Lit.-Verz., Nr. 6

ist dieses eine sehr selektive Wahrnehmung des Wissenschaftlers, der übersieht, dass mindestens 30 % der Erwerbsbevölkerung bereits „praktisch" im Rahmen ihrer selektiven Möglichkeiten an der „Systemveränderung" teilnehmen, d.h. zwar nicht systemkonform, jedoch nehmen sie die Sache in die eigenen Hände.

Der Unterschied zwischen brutto und netto macht Schwarzarbeit attraktiv

Was der Arbeitnehmer bekommt ...

Ein Bauarbeiter in der Steuerklasse IV bekommt einen Stundenlohn von 14 Euro, was über dem Mindestlohn II der alten Bundesländer liegt. Davon gehen Steuern und Sozialabgaben ab:

Brutto-Stundenlohn	**14,00 Euro**
Steuern	2,21 Euro
Solidarbeitrag	0,12 Euro
Rentenversicherung (9,75 Prozent)	1,37 Euro
Arbeitslosenversicherung (3,25 Prozent)	0,46 Euro
Krankenversicherung (7,25 Prozent)	1,02 Euro
Pflegeversicherung (0,85 Prozent)	0,12 Euro
Nettolohn	**8,70 Euro**

33,62 Euro

14,00 Euro   14,00 Euro

... und was der Arbeitgeber bezahlt

Brutto-Stundenlohn	**14,00 Euro**
plus Lohnzusatzkosten:	
gesetzliche Soziallöhne (z.B. Mindesturlaub, Feiertage, Krankheit)	2,78 Euro
gesetzliche Sozialkosten (Renten-, Arbeitslosen-, Kranken- und Pflegeversicherung, Beitrag zur Berufsgenossenschaft)	5,86 Euro
tarifliche Soziallöhne (z.B. 13. Monatseinkommen, Beiträge zu den Sozialkassen)	2,24 Euro
plus Gemeinkosten des Betriebes (erfahrungsgemäß 105,5 Prozent des Bruttolohns)	14,77 Euro
plus Lohnnebenkosten (z.B. Fahrtkosten, Auslöse des Arbeitnehmers für auswärtigen Einsatz = erfahrungsgemäß 10 Prozent des Bruttolohns)	1,40 Euro
plus Mehrwertsteuer	6,57 Euro
Gesamtbelastung für den Arbeitgeber	**47,62 Euro**

© 10/2004 Deutscher Instituts-Verlag

Konsequenz: Bei einem Verhältnis von 47,62 zu 8,70 Euro muss der Bauarbeiter 5,5 Stunden arbeiten, um sich eine Stunde der von ihm geleisteten Arbeit kaufen zu können.

Ursprungsdaten: Zentralverband Deutsches Baugewerbe (ZDB)   **Institut der deutschen Wirtschaft Köln**

Deutlicher:

Der eine Bevölkerungsteil ist im wirtschaftlichem Überlebens-kampf, der andere mit dem Geldzählen oder Ankauf anderer Unternehmen oder der Entwicklung "abartiger" Konsum-Produkte ab 250.000 € / Stück beschäftigt, bzw. mit der Erstellung oder Umsetzung von unsinnigen und überflüssigen Verwaltungsanweisungen, die den „letzten" produktiv Arbeitenden das Leben schwer machen.

Die Milliarden, die ins Ausland transferiert wurden, hindern die anderen Länder, sich ihrer Kultur entsprechend zu entwickeln.

Die Milliarden, die ins Ausland transferiert wurden und u.a. zum Aufkauf ausländischer Unternehmen oder Errichtung „wenig sinnvoller Auslandsinvestitionen" (s. "Pleite" - Tiger-Staaten, der „Neue" Aktienmarkt") aufgewendet wurden, wurden zuvor den anderen Unternehmen bzw. der Gesamtgesellschaft zur Lösung "sozialer Probleme" vorenthalten und hindern sogar die anderen Länder, sich ihrer Kultur entsprechend zu entwickeln.

Polemisch:

- Ministerialbeamte und Parteiarbeiter waren/sind mit dem Aufbau ihrer persönlich-finanziellen Karriere befasst (dafür war auch eine Absenkung des Spitzensteuersatzes notwendig, denn nur letztgenannter Personenkreis zahlt diesen Spitzensteuersatz).

- Volkswirtschaftlich im Sinne des Bruttosozialproduktes ist es „gleichwertig", ein Fahrzeug für 250.000€ statt 25 Fahrzeuge für 10.000 € (BSP= 250.000 €) zu produzieren.

- Es entlastet dann auch noch den Straßenverkehr.

- Viele „neue" Arbeitsplätze werden in Wach- und Schließgesellschaften entstehen, um die "Erfolgreichen" gegen die "Sozialneider" zu schützen.

Der Ansatz einer wie auch immer geratenen Vermögensteuer wurde durch „Ungleichbehandlungen" bei den Besitzenden zerstört.

Die Väter des Grundgesetzes hatten sich sicherlich etwas positives im Sinne einer Vermögensumverteilung gedacht.

Diese Gedanken einer Umverteilung, statt Kumulierung zu immer „Mehr" bei immer „Wenigern", **muss** erneut diskutiert und umgesetzt werden.

Milliarden-Beträge sind besser in gesellschaftlich sinnvolle Aktivitäten (Bildung, Altersicherung, etc) einzusetzen, statt in zweifelhafte Yachten, Fahr- und Flugzeuge, Luxusbauten etc, die nur wenige nutzen können.

Evolution statt Revolution entspricht dem Geist und auch der Fähigkeit einer wirklich pluralistischen und demokratischen Gesellschaftsordnung.

Zerstörtes Vertrauen und sich nicht erfüllende Hoffnungen lassen auch die Gutmütigsten nicht kalt.

Irgendwann krümmt sich auch der getretene Wurm:
„Wir sind das Volk!".

Es wird nicht immer so „glimpflich" abgehen wie 1989/90 vor den „Mauerfall" (s. a. zwingender Interessenausgleich, Seite 90).

An die französische Revolution oder an die Oktober-Revolution 1917 muss nicht erinnert werden, denn jeder kennt es und hält es für eine „nichtwiederholbare Vergangenheit".

Das Mandarin-System in China führte zu mehreren hundert Jahren „absolutem Stillstand" der chinesischen Gesellschaft, mit später ungezählten Millionen Toten beim „langen Marsch" des Mao Tse Tung und seiner späteren Kulturrevolution.

Das „SCHarm"-Modell zeigt einen gehbaren Weg, auch für Mindestlöhne.

Die einzigen Gegner wären vielleicht noch die öffentlich – rechtlichen Institutionen, die „selbstausbeuterische" Sklavenlöhne" an Subunternehmen zahlen, die dann die **„Drecksarbeit"** machen.

Aber auch Letztere helfen sich damit, dass diese dann „illegal und /oder schwarz" Personen beschäftigen.

Anmerkung :
„Drecksarbeit" muss neu definiert werden.
Auch der „schöne" Beruf des Kfz-Mechanikers hat viel mit „Dreck" zu tun.
Der Kotflügel hat seinen Namen nicht zu unrecht.
Dort und an der Bodengruppe findet sich „Hundekot", „Tote Tiere" u.s.w.
„Drecksarbeit" ist mehr der „asoziale Arbeitsplatzabbau" zur Gewinnsteigerung und nicht irgendeine gewerbliche oder pflegerischen Tätigkeit.

Missstände wurden nun zur Genüge beschrieben, nun sollten konkrete Vorschläge zur Beseitigung der Missstände oder besser die Grundlagen für die Diskussion und Umsetzung von Veränderungen geliefert werden.

Dieses in der Hoffnung, dass das „dem Leser auf die Füße treten" nicht schmerzhaft war, sondern lediglich den Leser wach gemacht hat, damit auch nachstehendes in eine geöffnete Gedankenwelt Platz finden kann.

III. Teil: Ausbildung – „StAbi" – statt „Abi"

Vorbemerkung zu diesem Themenbereich (Auszug: VOWIG).

„Wir haben kein Erkenntnisproblem, sondern nur ein Handlungs- bzw. Umsetzungsproblem", solche und ähnliche Sprüche von hohen Wissenschaftlern oder Repräsentanten des Staates kennt man.

Logisch, wenn ich die **Folgewirkungen meiner Handlungen** nicht kenne und daher irgendwelche nicht gewollten Konsequenzen be- fürchten muss, unterlasse ich besser jede Handlung (Aussitzen, Abwarten, „Ruhige Hand" u.s.w.).

Wenn in der „Technik" so abwartend vorgegangen würde, würden wir heute nicht mit dem Handy telefonieren, sondern noch immer „trom- meln" und das Ford „T-Modell, Baujahr 1923 " wäre noch heute der „Technische Standard" der Luxusklasse eines Massenverkehrsmittels.

Ursache dafür sind Defizite über volkswirtschaftliche Zusammen- hänge oder besser:

> *Wir haben den Mangel, die*
> *„Volkswirtschaft als System" zu betrachten.*

Fangen wir an, diesen Mangel zu beseitigen.

Schon aus der ganzheitlichen Überlegung oder aus den Fragen „Was soll denn dieses bedeuten?" oder „Wofür soll das Wissen darüber denn gut sein?" – müssen die Zusammenhänge in einer Volkswirt- schaft zum besseren Verständnis von Handlungs- und Umsetzungs- defiziten und deren Überwindung verdeutlicht werden.

Wie wirken die verschiedenen Einzelheiten der volkswirtschaftli- chen, soziologischen und politischen Gegebenheiten zusammen?

Auch hier gilt: „Das Ganze ist mehr als die Summe seiner Teile"

> *Doch wie kann man dieses System nachvollziehbar und*
> *einfach verständlich darstellen, ohne die Wirklichkeit zu*
> *stark zu verbiegen oder zu verfälschen?*

Aus meiner pädagogischen Trickkiste und im Rahmen schriftstelle- rischer Freiheit erlaube ich mir, die gesamte Gesellschaft mit zuvor genannten Gegebenheiten „schlicht und einfach" mit einem Auto- mobil praxisnah zu vergleichen, d. h. als eine Parabel, als ein in Bewegung befindliches Fahrzeug darzustellen.

Jeder fährt es, jeder kennt es: Das Auto.

Dieses soll keine Einführung in die Kfz-Technik werden, sondern nur eine Verdeutlichung der Problematik.

Mit einem systemtheoretischen Ansatz wird die derzeit in Deutschland praktizierte Volkswirtschaft mit einem Auto verglichen und auch Sie werden feststellen:

Jeder Verkehrspolizist und jeder TÜV würde ein derartiges Auto sofort aus dem Verkehr ziehen und dieses Fahrzeug der sachgerechten Entsorgung zuführen

Jedem autofahrenden Laien dürften die aufgezeigten Zusammenhänge bei einem Auto bekannt sein und auch bewusst werden, dass nahezu jeder Begriff sich noch in zahllose Einzeltechniken zerkleinern lässt, z. B.:

Getriebe – Zahnräder - Mechanik – Dynamik – Werkstofftechnik – Stahl usw.

Alle Baugruppen mit ihren speziellen Eigenschaften funktionieren in ihren Einzelheiten, der Scheibenwischermotor, wie auch der Scheinwerfer, der Motor und das Getriebe.

In der „Ganzheit des Autos", in einem „fahrenden Fahrzeug" erzeugen diese Baugruppen (Sub-oder Sub-Sub-Systeme) **andere**, vorher nicht gekannte Eigenschaften; wie z. B. eine saubere, die Weitsicht nicht trübende Windschutzscheibe, gute Beschleunigung, aktive und passive Fahrsicherheit.

Kurz: **Neue Eigenschaften**, wie z. B. unfallvermeidende und unfallfolgenverringernde Fahreigenschaften.

Unabhängig von der Art der Fortbewegung liegen für Straßenverkehrsteilnehmer die äußeren Bedingungen „auf der Straße" vor, die jede für sich eine Gefahr darstellen, durch die das Fahrziel nicht erreicht werden kann.

Das „System" Auto, als mobiles Etwas in unserer Umwelt

Modell:	Uni-Car
Baujahr:	2005
Hersteller:	Standard

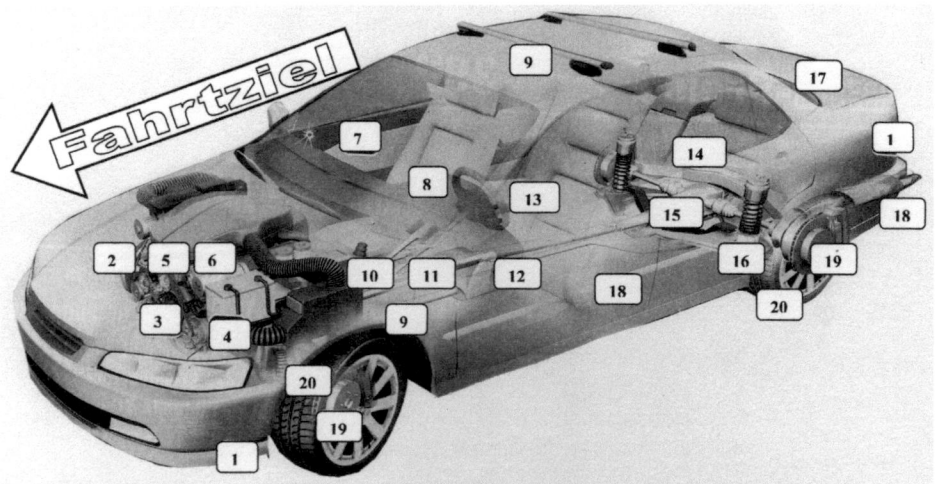

Betrachten Sie sich die einzelnen Baugruppen / Teile des gezeigten Fahrzeuges!

1	Stossstange	8	Armaturen	15	Differenzial
2	Ansaugluft /Treibstoff	9	Karosserie (Rahmen)	16	Federung, Stoßdämpfer
3	Motorkühlung	10	Kupplung	17	Kofferraum
4	Motor	11	Getriebe	18	Abgasanlage-Katalysator
5	Motorsteuerung	12	Fußpedale (Gas, Brem-	19	Antriebsachse / Reifen
6	Motorenzylinder	13	Lenkrad (Fahrer)	20	Bremsanlage
7	Windschutzscheibe	14	Rücksitzbank		

Betrachten Sie nun die Straße, auf der sich das gezeigte Fahrzeug bewegt!

„Unfallgefahren" lauern überall.

Asphalt	Beton	Schotter	Blaubasalt	Dreck
Verkehrs-schilderwald	Schlaglöcher	Gegen-verkehr	Straßen-führung	Kurven-verläufe
Spurrillen	Regen	Laub	Öl	Schutt
Fußgänger	Sonnenschein	Radfahrer	Schnee	Eis

Wechselnder Fahrbahnbelag mit Straßenschäden, belastet mit Laub, Öl, Dreck, Schutt u.s.w. erschwert das Autofahren, welches durch andere Verkehrsteilnehmer, Straßenverläufe und Verkehrsschilderwald sowieso überlastet ist und durch wechselnde Witterungsbedingungen zu einem reinen, täglichen „Überlebenskampf" geworden ist.

Obwohl viele Automanager dieses vergessen haben:

Ein Auto ist mehr als die Summe seiner Einzelteile mit gänzlich anderen Eigenschaften.

Wenn nach der „Chaos-Theorie" bereits ein Flügelschlag eines Schmetterlings in der Südsee, einen Orkan in der Karibik verursachen kann, kann eine um 0,02 € billigere Gummileiste (andere Qualität) am Scheibenwischerblatt einen schwerwiegenden Unfall durch Sichtbehinderung auslösen.

Das Auto auf der Straße im Zusammenspiel mit hochkomplexen Einzelteilen, mit **erst jetzt entstehenden Eigenschaften** unter äußeren Fahrbedingungen, erzeugt extreme Belastungen für den Fahrer, wenn dieser tatsächlich sein Ziel erreichen will und setzt einen „wissenden" und „verantwortungsbewussten" Autofahrer voraus.

Übertragen wir das Auto und Autofahren nun auf die Volkswirtschaft und soziologische Faktoren.

Ähnlich wie bei dem vorgezeigten Auto, sind auch hier nur stichpunktartig die Einzelschwerpunkte einer Volkswirtschaft dargestellt, die erst in ihrer Gesamtheit mit unveräußerlichen Werten eine „Kulturgesellschaft" erzeugen.

Jeder einzelne Schwerpunkt ist auch in weitere Teilbereiche aufteilbar, wie z. B. die Verbände – Arbeitgeberverband, Gewerkschaft, Industrielobby – Versicherungsverbände – Banken – IHK usw.

Hier erhebe ich keineswegs den Anspruch auf Vollständigkeit und Richtigkeit der Vergleiche.

Auch hier gilt:

> *Die Volkswirtschaft ist mehr als die Summe ihrer betriebswirtschaftlich handelnden Einzelorganisationen, mit gänzlich anderen Eigenschaften.*

Sie sollten Ihren Blick auf das Modell „Volkswirtschaft" etwas verweilen lassen. In irgendeinem „Bauteil" finden Sie auch sich selbst wieder.

Nur fast belustigend richtig erscheint doch wohl die „übertragene Darstellung": **Am Steuer sitzt die Politik, die Regierung.**

Modell: Volkswirtschaft   Baujahr: 2005   Hersteller: Deutschland

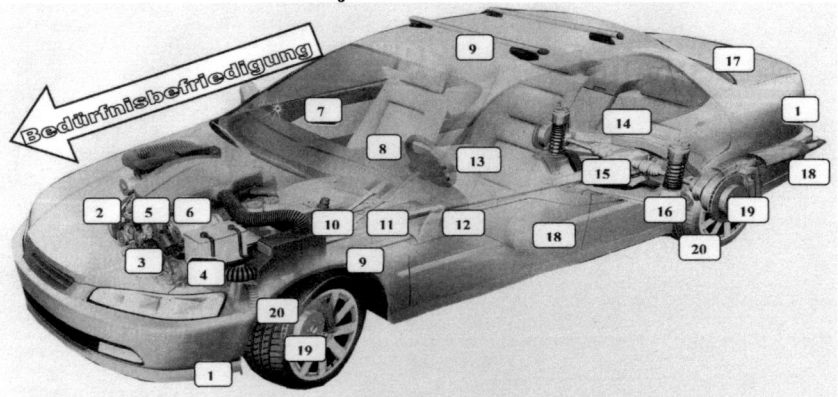

Die Teilsysteme des Autos sind durch Teilsysteme der Volkswirtschaft ersetzt.

Auto	Nr	Volkswirtschaft
Stosstange	1	Militär
Ansaugluft /Treibstoff	2	Importe
Motor-kühlung	3	Geldkreislauf - Zentralbank
Motor	4	Wirtschaft
Motor-steuerung	5	Betriebswirtschaft
Motoren-zylinder	6	Wirtschaftsbereiche (Industrie, Handwerk, Landwirtschaft)
Windschutz-scheibe	7	Informationen / Presse/ Medien
Armaturen	8	Wirtschaftsdaten, Wirtschaftsinstitute
Karosserie (Rahmen)	9	Verfassung
Kupplung	10	Industrieverbände / Gewerkschaften

Auto	Nr.	Volkswirtschaft
Getriebe	11	Arbeitnehmer
Fußpedale (Gas, Bremse)	12	Zentralbank
Lenkrad (Fahrer)	13	Politik / Regierung
Rücksitzbank	14	Verwaltung, Rentner, Universitäten, Schulen
Differenzial	15	Gerichtsbarkeit (Justiz)
Federung, Stoßdämpfer	16	Wirtschaftsgesetze, Sozialgesetze
Kofferraum	17	Reserven
Abgasanlage / Katalysator	18	Exporte
Antriebsachse / Reifen	19	Banken, Versicherungen, Handel, Transport
Bremsanlage	20	Politik, Zentralbank, Staatsverschuldung

Sie erkennen selbst, was laufend „unter die Räder kommen kann"!

Chancen-gleichheit	Kinder-erziehung	Arbeitsplätze	Glück	Hilfe zur Selbsthilfe
Wohlstand	Religion	Frieden	Humanität	Gerechtigkeit
Ausbildung	Toleranz	Freiheit	Kultur	Sicherheit
Umweltschutz	Würde	Außenhandel	Stabilität	Vollbeschäftigung

III. Teil Vorbemerkung zu diesem Themenbereich.

Nun zu den **Fahrbedingungen und zum Fahrbahnuntergrund** (unvollständig, ohne Rangfolge und Wertigkeit) auf dem sich dieses Modell der „Volkswirtschaft " bewegt (Sie sollten sich dieses intensiv betrachten):

Auch diese Begriffe lassen sich zerkleinern in zahllose Einzelaspekte (Sub- und Sub-Sub-Systeme) wie z. B. Gerechtigkeit in: Belastungsgerechtigkeit, Strafgerechtigkeit, Risikogerechtigkeit, Ausbildungsgerechtigkeit usw.

Diese Volkswirtschaft als Teil der Gesellschaft, **ist ein Zusammenspiel** von hochkomplexen Einzelorganisationen mit erst jetzt entstehenden neuen Wirkungen und Beeinflussungen, mit Hoffnungen und Erwartungen der Menschen unter äußeren Marktbedingungen (z.B. Globalisierung).

Wenn nach der „Chaos-Theorie" bereits ein Flügelschlag eines Schmetterlings in der Südsee, einen Orkan in der Karibik verursachen kann, kann eine um 0,5 %-ige Erhöhung der Sozialversicherungsbeiträge nun 50.000 Arbeitsplätze kosten oder sogar ganze Wirtschaftsbereiche dazu veranlassen - im Rahmen des Globalisierung - nun die Produktion auszulagern.

Die Volkswirtschaft besitzt vollkommen andere, kaum berechenbare Eigenschaften, die extreme Belastungen für die „richtungsgebenden Handelnden" (Politiker) erzeugen, wenn diese tatsächlich das Ziel *[)] erreichen wollen, ohne das zuviel „unter die Räder kommt".

*[)] Das **Ziel einer Volkswirtschaft sollte das Wohlergehen** (Befriedigung der wirtschaftlichen **und** sozialen Bedürfnisse) der Gesellschaft in Frieden und Freiheit sein (s. Grundgesetz).

Ziel darf niemals der reine „nackte" Machterhalt sein, denn Macht ohne Gestaltungswille ist sinnlos.

Nun zu den vom Auto übertragenen Zusammenhänge in der Volkswirtschaft:

Die Straße auf der sich dieses Modell „Volkswirtschaft" bewegt, stellt zwar keine unmittelbare Gefahr dar, soll jedoch zeigen „was alles durch die Volkswirtschaft unter die Räder kommen kann".

Sie wissen selbst, was bereis laufend „unter die Räder gekommen ist"!

Es ist sicherlich ausgeschlossen, dass überhaupt nichts „unter die Räder kommt", jedoch sollte die Politik am Steuer (13) zumindest vermeiden, dass unverzichtbare Grundbedürfnisse, wie Würde, Frieden, Gerechtigkeit, Humanität, Umweltschutz und Freiheit „unter die Räder" geraten – diese sollten erhalten und „geschützt" werden.

Es sollte nun für den Leser die Erkenntnis erwachsen sein, dass die gesellschaftlichen Probleme nicht wirklich gelöst werden, wenn nicht die Volkswirtschaft als System betrachtet wird.

Anmerkung:
Die nachfolgenden Ziffern in den Klammern beziehen sich auf die Vergleichstabelle zum Objekt „ Volkswirtschaft" der letzten Seiten.

Wie zuvor schon karikierend und belustigend festgestellt, gilt bei der „sicherlich zu einfachen, übertragenen Darstellung vom Auto auf die Volkswirtschaft", vom Autofahren auf gesellschaftliches Handeln:

Die Politik (13) , der(die) Politiker (in) sitzt am Steuer (13).

Hier soll es für die Politik und den Leser bedeuten:
Wenn man nicht weiß, wohin man will, darf man sich nicht wundern, dort angekommen zu sein wohin man nicht wollte.

Für eine Kursänderung ist es zu spät, denn die Legislaturperiode ist vorbei, für einen selbst (Autor), hoffendlich nicht für Sie - fast zu spät - das aktiv zu gestaltende Leben ist nahezu vorbei.

Nun sollte ein Fahrer und auch die anderen Betroffenen schon wissen, was er für eine Funktion hat:

Ist dieser ein Testfahrer, der die Reifen oder den Motor testet und letztendlich im Kreis fährt oder nur ein Sonntagsfahrer, der ziellos durch die Gegend fährt?

Hier soll es bedeuten:
Übertragen auf den Politiker, sollte man zumindest wissen, wessen Interessen dieser vertritt, d. h. der **„gläserne Abgeordnete"** ist ein sachlogisches Ergebnis einer analytischen Betrachtungsweise.

> *Eine analytische Betrachtungsweise bedingt für die* **Fahrer der Volkswirtschaft***, wenn schon keinen Führerschein, dann zumindest die* **Offenlegung** *der jeweiligen Interessen, den „gläsernen Mandatsträger (Abgeordneten)" und selbst verständlich auch den gläsernen politischen Beamten (Minister).*

Technischer Mangel
Ein Fahrzeug ohne ABS (Anti-Blockiersystem) ist bei einer Vollbremsung (12) nicht lenkbar (13).

Hier soll es bedeuten:
Was bringt es der Politik (13), um Arbeitslosigkeit zu vermeiden, nach rechts oder links zu lenken, wenn jemand, z.B. die Zentralbank (12)) mit zu hohen Zinsen, voll auf der Bremse steht?

Technischer Mangel
Der Motor (4) stottert, er läuft „unrund", weil zu wenig Kühlmittel (3) vorhanden ist.

Hier soll es bedeuten:
Wie soll sich die Wirtschaft (4) entsprechend den sich verändernden Marktbedingungen nun weiterentwickeln, wenn zu wenig Geld (3) im Umlauf ist?

Technischer Mangel
Mit einer rupfenden oder durchrutschenden Kupplung (10) kann unmöglich die im Motor steckende Kraft auf die Räder (14) gebracht werden.

Hier soll es bedeuten:
Eine erstklassige Wirtschaft (10) mit sich „verzankenden" Verbänden (14) - Gewerkschaften contra Arbeitgeberverbände - die um den Abschluss irgendwelcher gesellschaftlichen Mindestbedingungen (z.B. Branchen-Mindestlohn) streiten.

Technischer Mangel
Das trifft auch zu, wenn sich im Getriebe „verschlissene Zahnräder" (11) befinden („Sand im Getriebe").

Hier soll es bedeuten:
Schlecht bezahlte oder schlecht ausgebildete und / oder demotivierte, mit Arbeitsplatzsorgen und zu hohen Abgaben belastete Arbeitnehmer (11) können unmöglich die technisch mögliche Gütermenge erzeugen bzw. „unter's Volk" bringen.
(daher: Das **„StAbi"**-Modell)

Technischer Mangel
Wie weit ein Auto fahren kann, ist von der Beladung (14) - Was wird alles mitgeschleppt? - und den Reserven (Tank) abhängig (17).

Hier soll es bedeuten:
Nicht zufällig stehen hier die Begriffe „Verwaltung (14), Rentner, Universitäten (17), Schulen und Ausbildung", jedoch ohne Wertung was überflüssig oder zwingend für eine soziale Gesellschaft notwendig ist (daher: Das **„StAbi"**-Modell).
Es ist aber ein Fakt, dass eine überbordende Verwaltung keinen zusätzlichen Wohlstand erzeugt, weder jetzt, noch in Zukunft (s. Sonderdruck „Risikogerechtigkeit": Das **„StAG-Tax"**- Modell)

Technischer Mangel

Ein „überladendes" Auto ohne Reserven kommt nicht weit (Faustregel: 100 kg Ballast erzeugen einen Mehrverbrauch von 1 Liter Kraftstoff auf 100 km).

Hier soll es bedeuten:

Mit Sozialabgaben überfrachtete Löhne erzeugen Arbeitslosigkeit, denn z. B. 0,1 % veränderte Sozialversicherungsbeiträge entsprechen 100.000 Arbeitsplätze (s. Sonderdruck: Das „**SCHarm**"-Modell).

Weitere Mängel am Auto (kaum ein Autofahrer merkt diese „schleichend eintretenden Fehler):

Technischer Mangel

Das Differential (15), welches unterschiedliche Kräfte /Drehzahlen auf die verschiedenen Antriebsräder (20) ausgleichen soll, ist defekt.

Hier soll es bedeuten:

Die Justiz (15), insbesondere die Zivil-, Sozial-, Finanz- und Verwaltungsgerichtsbarkeit, ist nicht in der Lage, sachgerechte Prozesse in übersehbarer Zeit halbwegs gerecht und nachvollziehbar zwischen den Streitenden auszugleichen. (s. Sonderdruck „Risikogerechtigkeit": Das „**JuRiG**"-Modell).

Technischer Mangel

Die Federung (16) des Fahrzeuges ist defekt, die Dämpfung (16) ist nicht hinreichend abgestimmt: Beide entsprechen nicht den Fahrleistungen und sind das Gegenteil einer passiven Fahrsicherheit, weil diese nicht „durch die Technik selbst", Unfälle verhindern.

Hier soll es bedeuten:

Wirtschaftgesetze (Sozialgesetzgebung, Steuergesetze) entsprechen nicht mehr dieser sich schnell entwickelnden und sich ändernden Hochleistungsvolkswirtschaft. (s. Sonderdruck „Risikogerechtigkeit": Das „**StAG-Tax**"- Modell

Technischer Mangel

Diese negativen Wirkungen steigern sich, wenn der Luftdruck in der Bereifung (20) zu niedrig ist.

Hier soll es bedeuten:

Die Banken geben nur mit höchsten Auflagen Kredite (Basel II) und / oder Versicherungen und / oder Kapitalgesellschaften (20) horten die Beiträge / Gewinne, statt sie an die Anspruchsberechtigten / Kapitaleigner auszuzahlen (s. Sonderdruck „Risikogerechtigkeit": Das „**KaRiG**"-Modell).

Technischer Mangel

Dass dieses schlingernde Fahrzeug nicht die Spur hält, nicht dort lang fährt, wo es hingelenkt wurde und zahllose Dinge überfahren werden, ist nicht verwunderlich.

Daher:

> *Jeder Verkehrspolizist und jeder TÜV würde ein derartiges Auto sofort aus dem Verkehr ziehen und dieses Fahrzeug der sachgerechten Entsorgung* ***(Verschrottung)*** *zuführen.*

Hier soll es bedeuten:

Sollte die „schlingernde Volkswirtschaft" zivilisatorische und soziale Errungenschaften der Gesellschaft unter die Räder nehmen, dürfte es langsam bedenklich werden.

„Einzelfalllösungen" und / oder „ Das Drehen an Stellschrauben", nur weil es zu einem politischen Konsens führt , führt in die Sackgasse.

Diese Gesellschaft wird nicht zukunftsfähig, irgendwann erschallt der Ruf:

„Wir sind das Volk".

Arbeitnehmer und Arbeitgeber, Väter und Mütter, Schüler und Studenten, Arbeitslose und „Ausgebrannte" sind keine „unterprivilegierte Klasse", sondern auch „das Volk", dass von der Gesellschaft erwartet, dass die „Lebens- und Bildungschancen" sich nicht nur im 1. Lebensdrittel festgelegt, selektiert werden, sondern durch gesetzliche Rahmenbedingungen, die gerecht und sozial sind, ein „lebenslanges Lernen" ermöglicht und auch lebenslange „neue Chancen" eröffnet.

Graduierten Stufenausbildung

Auch wenn schon viele Bücher über dieses Thema an sich, über Änderungen oder teilweise Neuerungen geschrieben worden sind, ändert das nichts daran, dass für eine andere, bessere Gesellschaft die Ausbildung der Dreh- und Angelpunkt bleibt.

> *Für eine andere, bessere und chancenreichere*
> *Gesellschaft bleibt die Ausbildung der*
> *Dreh- und Angelpunkt.*

Erst ausgebildete und wissende Menschen sind besser in der Lage sich selbst und die Umwelt zu erkennen, zu verstehen und zu verändern.

> *Im Mittelpunkt muss der Mensch mit dem Recht auf*
> *Chancengleichheit, Emanzipation,*
> *Selbstverwirklichung und Partizipation stehen,*
> *mit der Fähigkeit Verantwortung*
> *– nicht nur für sich selbst, sondern auch für andere –*
> *übernehmen zu können.*

Bei diesem Vorschlag einer graduierten Stufenausbildung, die bereits als Bachelor- und Masterstudiengängen teilweise angeboten wird, geht es nicht um die Neuerfindung irgendwelcher Studiengänge, sondern um eine

stärkere Berücksichtigung der jeweiligen **beruflichen Erfahrung** und des **Lebensalters.**

> *Die Forderung nach „lebenslanger Weiterbildung", ist*
> *solange nur eine Worthülse, wie entsprechende*
> *„aufbauende" Weiterbildungsmaßnahmen von der*
> *Gesellschaft nur teilweise angeboten werden.*

Über die 1. Stufe einer schulischen Ausbildung, entsprechend der heutigen Primar- und Sekundarstufe, wird kann hier nicht näher eingegangen werden, insbesondere weil diese bereits in der Kritik von zahllosen Fachleuten steht und es meinerseits anmaßend wäre, diese Kritik noch zu ergänzen, außer als Forderung, dass diese Stufe nach 10 Schuljahren beendet sein sollte.

Was in diesen ersten zehn Schuljahren geschehen muss, mag diskussionswürdig sein, jedoch es darf niemals geschehen, dass den Kindern Schaden zugefügt wird.

Als Schaden kann schon betrachtet werden, wenn die soziale Kompetenz nicht ausgebildet wird, bzw. durch extrinsische Motivationslagen (schlicht: Druck der Erzieher) zu „Wettbewerb" erzogen werden.

Zuviel Wettbewerb erzeugt bei nur **einem Gewinner** möglicherweise **50 Verlierer**.

„Brot" und „Spiele" waren eine gängige Praxis von Despoten, als interaktives Sozialverhalten aber nicht zu gebrauchen, bestenfalls als sportliche Variante von „Gleichgestellten".

Der „von Geburt an Begnadete" braucht eine Hilfestellung um **nicht** im „Fünf - Sinne - Gefängnis" (s. VOWIG) zu landen, der „wenig Begnadete" braucht die Hilfe dieser vorgenannten Gruppe, um diese **nicht später** als „gesellschaftliche Feinde" zu betrachten.

Weder zu „gesellschaftlich unten" noch „gesellschaftlich oben" dürfen Menschen erzogen werden, die letztlich im „Fünf- Sinne- Gefängnis" landen, denn derartiges ist kontraproduktiv und erzeugt „gesellschaftliche" Reibungsverluste.

1. Das bisherige Ausbildungssystem

1.1. Die allgemeine Struktur

Bei fast allen Ausbildungsstrukturen fällt immer wieder die Parallelität und **Undurchlässigkeit** auf, wie allgemeine Schule, Gymnasium und Berufsausbildung mit einer Selektion von oben nach unten:

Gymnasium – Realschule – Hauptschule.

Bildung oder das Recht „Lernen zu dürfen" ist von einem Privileg zu einer Verpflichtung („Du musst es schaffen", „Wir bezahlen doch die Nachhilfe", „Du kannst uns doch nicht blamieren") oder zu einer Abstrafung geworden („Du kannst es nicht", „Du schaffst es nicht", „Du bist zu dumm") mit allen psychosozialen Folgen und zukünftigen finanziellen Folgelasten.

Wirkliche, nachhaltige Bildung kann nur über eine intrinsische (aus der Person selbst herauswachsende Motivation) und nicht über eine extrinsische (von anderen, von außen erzwungene) Motivationslage erfolgen.

Die Folgen der derzeitigen zu frühen Kinderbetreuung vor Vollendung des 3. Lebensjahres werden diskutiert („Frauen schnellstmöglich zurück in den Beruf = Rabenmutter" contra „Teilzeit für Vater und Mutter").

Schulausbildung mit einer viel zu frühen Selektion ist durch zahlreiche „Pisa"- Studien bekannt und extrem bemängelt worden.

Die derzeitige gesellschaftliche Entwicklung für die nächste Generation:

- zu frühe Herauslösung aus der Geborgenheit der Familie in eine „schlichte (im Sinne einer qualitativ fragwürdige Qualifikation) Kinderbetreuung",

- unzureichende Vorschulerziehung aufgrund weiterer „lediglicche Betreuung" von Kindern im „besten Lernalter" oder

- „Dauerfrustrationen" bei pubertierenden Heranwachsenden, die gerade die Metamorphose zum „Erwachsenen" durchlaufen, in Schulbänken festgehalten und weiterhin als wirtschaftlich „abhängige Kinder" behandelt werden,

sind wenig geeignet den o.g. drei Basisforderungen (s. Einleitungssätze zu diesem Teil) gerecht zu werden.

Ein Bericht im Kölner Stadtanzeiger vom 8.5.05, S. 33, spricht für sich selbst.

Ist es grenzenlose Dummheit oder grenzenloser Zynismus ?

Prognose nach Test geändert

17 Viertklässler dürfen nun doch auf die von ihren Eltern gewünschte Schulform wechseln.

VON STEPHANIE PEINE

Rhein-Berg - Für 17 Viertklässler hat sich der dreitägige Prüfungsstress gelohnt: Sie erhielten nach Begutachtung durch unabhängige Pädagogen nun doch die Erlaubnis, auf die von ihnen gewünschte weiterführende Schule zu wechseln. Bei 23 Schülern blieb es bei der ursprünglichen Empfehlung durch die Grundschule. Mit 42,5 Prozent liegt der Anteil der Schüler, die den Prognoseunterricht mit dem von ihnen gewünschten Ergebnis abschlossen, über dem Landesdurchschnitt. Nach Angaben des Schulministeriums dürfen landesweit 38 Prozent der Kinder, die am Testverfahren teilgenommen haben, nun doch auf die gewünschte Schulform wechseln.

In der Woche vom 23. bis zum 27. April hatte landesweit zum ersten Mal der Prognoseunterricht für Grundschüler stattgefunden. Teilgenommen hatten alle Kinder, deren Eltern ihr Kind an einer weiterführenden Schulform anmelden wollten, für die es keine – auch keine eingeschränkte – Eignungsempfehlung hatte. Landesweit wurden rund 3300 Viertklässler zum Prognoseunterricht eingeladen.

Nach Angaben der Kreisverwaltung hatten im Bergischen 23 der Prüflinge von ihrer Grundschule eine Empfehlung für die Hauptschule erhalten, wollten aber auf die Realschule wechseln. Acht Kindern gelang es, die Hürde noch in letzter Minute zu nehmen. 17 Kinder hatten eine Realschulempfehlung, streben aber das Gymnasium an. Hier waren neun Kinder erfolgreich.

Insgesamt, so Birgit Bär, Pressesprecherin des Kreises, sei der Prognoseunterricht gut gelaufen. Eine abgeänderte Empfehlung bedeute nicht, dass die Grundschule mit ihrer Einschätzung ganz falsch gelegen habe. Vielmehr sei zu überprüfen gewesen, ob es unter bestimmten Voraussetzungen doch möglich sei, dem Elternwillen zu folgen. Dazu gehörten eine intensive Zusammenarbeit zwischen Schüler, Eltern und den Lehrern der gewünschten Schule.

Schüler, für die die Empfehlung nicht abgeändert wurde, sollten aber „nicht den Kopf hängen lassen", meinte Bär. Vielen werde dadurch eine „frustrierende Schulzeit" erspart. Außerdem sei das dreigliedrige Schulsystem so durchlässig, dass auch später noch ein Wechsel zur anderen Schulform möglich sei.

Änderungen –außer verbalen Bekundungen - sind nicht in Sicht, lediglich aus wirtschaftlichen Gründen und der sich abzeichnenden Demografieentwicklung –nicht wegen der bedauernswerten Kinder – zeichnet sich meiner Auffassung nach eine Auflösung dieses Systems ab.

Hauptschulen sind nicht ausgelastet, Gymnasien sind zu teuer, übrig wird nur eine Gesamtschule auf der Basis einer Realschule bleiben.

		Mittlerer Schulabschluss (Realschulabschluss) nach 10 Jahren, Erster allgemein bildender Schulabschluss (Hauptschulabschluss) nach 9 Jahren [6]				
10		10. Schuljahr				16
9				GESAMT-	GYMNASIUM [5]	15
8		HAUPTSCHULE [4]	REALSCHULE [4]	SCHULE [5]		14
7						13
6						12
5		Orientierungsstufe [3]				11
4						10
3		GRUNDSCHULE [1]				9
2						8
1						7
						6
						5
Jahr-		KINDERGARTEN				4
gangs-		(freiwillig)				3
stufe						Alter

Sekundarbereich I · Primarbereich · Elementarbereich
SONDERSCHULE [2] · SONDERSCHULE [2] · SONDERKINDERGARTEN

Herausgeber: Sekretariat der Ständigen Konferenz der Kultusminister der Länder in der Bundesrepublik Deutschland, Dokumentations- und Bildungsinformationsdienst, Lennéstr. 6, 53113 Bonn, Tel.: 0228 501-0.
© KMK Januar 2005

Dieses „gewachsene" Ausbildungssystem, das „Duale System" (Motto: „Ein Handwerk hat goldenen Boden") war (ist?) dazu bestimmt gewesen, möglichst frühzeitig die Kinder, Jugendliche, heranwachsende Frauen und Männer zu „funktionierende ArbeitnehmerInnen" einer spätindustriellen Gesellschaft zu machen, ohne Berücksichtigung der Fähigkeiten „selbstgestaltend" das Leben zu meistern.

Unter dem Vorwand „Emanzipation", wurde der Verzicht zur Entwicklung von „hauswirtschaftliche Fähigkeiten" bei Mädchen, bzw. handwerkliche Fähigkeiten bei Jungen begründet und damit das „Kind mit dem Bade" ausgeschüttet.

> *Nicht Verzicht, sondern Ausweitung beider Fähigkeiten*
> *für Jungen und Mädchen*
> *wäre die richtige Entscheidung gewesen.*

Theoretische Kenntnisse in „gefühlte" Aktionen umzusetzen, ob etwas basteln, kochen, zusammenschrauben, nähen oder sonstige manuelle Tätigkeiten, ermöglichen die Erfahrung über „Selbstreflektion", über den „Erfolg oder Misserfolg" dieser Umsetzung, mit der Folge einer Selbstwertsteigerung durch Selbsterfahrung:

„Ich kann es !
Ich kann etwas unmittelbar Verwertbares erzeugen !"

Unübersichtlich für den „Einzelnen" – der in der schulischen Ausbildung etwas versäumte - nun nach einer Berufsausbildung seine
Chancen auszuloten.

Nur in wenigen Berufen ist überhaupt die „Gleichrangigkeit von
schulischer und beruflicher Bildung" gegeben, die eine Studienaus-
bildung ermöglicht.

Es ist für die derzeitige Gesellschaft nicht mehr zeitgemäß, dass ein
allgemeines Ausbildungssystem nur für die 6 bis 26-jährigen existiert.

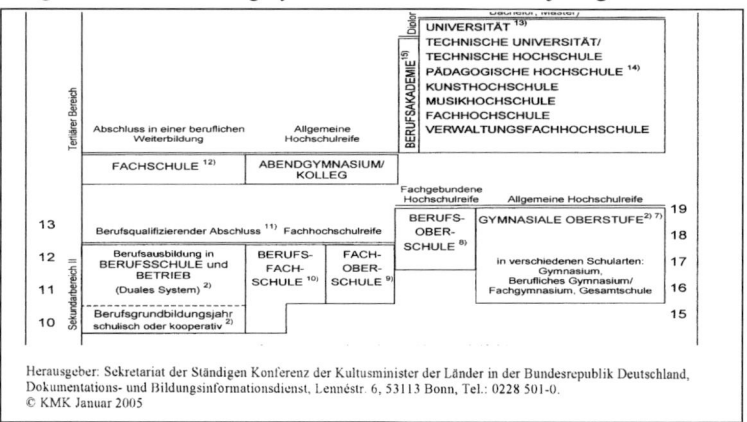

Herausgeber: Sekretariat der Ständigen Konferenz der Kultusminister der Länder in der Bundesrepublik Deutschland,
Dokumentations- und Bildungsinformationsdienst, Lennéstr. 6, 53113 Bonn, Tel.: 0228 501-0.
© KMK Januar 2005

Natürlich kommt es vor, dass ein 40-jähriger eine neue Lehre oder
ein Studium beginnt.

Aber ist das normal und wird dieser nicht als Spinner oder Versager
in seinem bisherigen Beruf abqualifiziert?

Die Umwelt – die Gesellschaft - akzeptiert ihn nicht.

Nach Abschluss eines Ausbildungsganges ist es sehr schwierig –
einige Jahre später sogar unmöglich – in einen nächsthöheren Bil-
dungsgang zu kommen.

Vom sogenannten 2. Bildungsweg voller Dornen, physischen und
psychischen Belastungen, und das bei großer Nachfrage und gerin-
gem Angebot, will ich erst gar nicht schreiben.

Und wie sieht die Praxis aus, wenn ein sich spätentwickelnder 10-
jähriger aufgrund seiner Erziehung (soziokulturellen Hintergründe)
nicht das Gymnasium besucht oder ein 16-jähriger aus scheinbarer
Bequemlichkeit, bzw. weil dieser von seiner bisherigen Schule
„weggelobt" wurde, nur einen Beruf erlernt?

Wenn diese Personen 10 Jahre später einsehen, dass sie etwas falsch gemacht und zu wenig gelernt haben, sind sie nicht in der Lage ihre Situation zu verändern, weil

- die Fähigkeiten zur Emanzipation und Partizipation zu gering ausgebildet sind.
- sie schon Familie und ein mehr oder weniger gutes Auskommen haben.
- sie zu wenig „wissen", frustriert sind und daher nicht auf sich selbst und die Umwelt einwirken können.
- meistens sich auch in einer beruflichen Sackgasse befinden.
- bei der Berufswahl ein nicht auszugleichendes Defizit zwischen der Erwartung und den tatsächlichen Anforderungen dieses Berufes liegt.

Die frühzeitige Aufteilung – unterstellt, irgendwann gab es dafür auch positive Aspekte (ich kenne sie nicht) – findet nun nicht mehr statt: Da alle Welt für seine Sprösslinge nur „das Beste", das Abitur will, findet neben den frühzeitig selektierten „Spätzündern", nun die weitere Selektion erst nach dem 19. Lebensjahr und da alle Welt – ob sinnvoll oder nicht – auch noch studieren will, die Selektion nach dem Zwischen- oder Endexamen im Alter von 25 – 30 Jahren statt, im Extremfall noch später: In der beruflichen Einarbeitungszeit als „kostenlos" arbeitender Praktikant.

Die Struktur des derzeitigen Ausbildungssystem war dazu bestimmt, möglichst frühzeitig die Gesellschaft in Arbeiter, Angestellte, höhere Angestellte und Akademiker und somit in **Herrschende und Beherrschte** aufzuteilen.

Basis dieses Systems war noch Mitte der 60-er Jahre das „Duale System" (Motto: „Ein Handwerk hat goldenen Boden") , aus dem sich die Industrie und weite Teile des Handels aus Kostengründen und wegen der ständig steigenden Anforderungen bei Ausdünnung von qualifizierten und motivierten Bewerbern verabschiedet haben.

Ursachen waren auch die hohen finanziellen Personalbelastungen, insbesondere auch für „Handwerker", die in Teil III, Seite 114 f , beschrieben sind.

> *Ein praktisch ausbildender Handwerksmeister wird im Verhältnis zu einem Berufskolleg-, Gymnasial- oder Hochschullehrer durch die „Nichtvergütung" seiner Bildungstätigkeit diskriminiert.*

Es ist wenig Verständnis bei potentiellen im „dualen System" Ausbildenden (z. B. Handwerksmeister), wenn

- einerseits die Gesellschaft für junge Menschen im gleichen Alter innerhalb von Schulausbildungen, Abitur, Fachschulen) **voll die Ausbildungskosten übernimmt** und Niedrigstbeiträge für die Krankenversicherung bereitstellt,

- andererseits jedoch den im dualen System Ausbildenden zu den beispielsweise 600,00 € Ausbildungsvergütung netto für den Azubi, noch mit 42 % Gesamt - Soz.- Versicherungsbeiträgen und Kosten der überbetrieblichen Ausbildung belastet, sowie Berufschultage auch als Arbeitstage bezahlt werden müssen (s. SCHarm, Teil III, Seite 114 f).

> *Diese Ausbildungsgesamtkosten können die Azubis auch in einer 3-jährigen Lehre **nicht** für den Betrieb erwirtschaften.*

„Lehrgeld" zu zahlen war eine Möglichkeit der Finanzierung, frühzeitige Integration von Lehrlingen in den Arbeitsprozess waren eine spätere Möglichkeit, die noch geringen Ausbildungsvergütungen und Personalzusatzkosten auszugleichen, wenn jedoch unter den derzeitigen Bedingungen ein Ausbildungsbetrieb irgendeinen finanziellen Überschuss durch „Azubis" erwirtschaften kann, so dürfte dieses als „Prämie" für einen guten Ausbilder zu werten sein.

Sollten Ausbildungsbetriebe versuchen, diese Ausbildungsgesamtkosten über den Stundensatz zu finanzieren, werden diese von der Gesellschaft wegen des zu hohen Stundenverrechnungssatzes kritisiert.

> *Solange jede Bildungsreform auf dem selektierenden Bildungssystems aufbaut, ist sie zum Scheitern verurteilt*

Dieses Bildungssystem ist vollständig mit der politischen, gesellschaftlichen Forderung nach Bildungschancengleichheit überfordert.

Da aber niemand dafür verantwortlich sein will und es wahrscheinlich auch nicht ist, bleibt nur die Ursache dafür in den hoffnungslosen Versuchen zu sehen, ein früheres feudalistisches Ausbildungssystem an eine moderne Gesellschaft anzupassen.

Das ist genauso unmöglich wie auf die Fundamente eines Fachwerkhauses ein modernes Hochhaus zu setzen.

Eine wie auch immer geartete **Selektion** in Hoch- oder Geringqualifizierte kann nur durch den berufspraktischen Einsatz der **einzelnen Betroffenen selbst** stattfinden, in dem diese ggf. auch durch Arbeitgeberwechsel, den Arbeitsplatz suchen, für den sie qualifiziert sind.

1.2 Der Bedarf

Mit der fragwürdigen und sowieso **nicht realisierbaren** Forderung nach Recht auf Ausbildung für Alle, setzte überall ein Run auf gymnasiale und akademische Ausbildung ein, wobei statt notwendiger Gleichwertigkeit, der beruflichen Bildung ein immer geringerer Stellenwert eingeräumt wurde und wird.

Für das „duale System" und der Fachschulausbildung bleibt nur noch die **negative Restauslese** von 25 % eines Geburtenjahrgangs, die **früher** ohne Ausbildung direkt Arbeitsplätze als Hilfsarbeiter oder Handlanger einnahmen.

In der Folge erzeugte die gesellschaftliche Grundeinstellung mit der sogenannten „höherwertigen akademischen Bildung" einen sich selbst regelnden „**Teufelskreis**":

- Einerseits steigen nur noch wenig qualifizierte und motivierte junge Menschen, in eine berufliche Grundausbildung ein und bewerten das, was sie tun, als gesellschaftliche Abqualifizierung („Brandmarkung")

- Andererseits veranlasst diese Art der Bewerbersituation nun die **potentiellen Ausbildungsbetriebe** aus reinen wirtschaftlichen Gründen keine Lehrstellen mehr anzubieten (abgesehen von den höheren technischen und theoretischen Anforderungen).

Im Grunde genommen ist diese Verhaltenweise auch vollkommen berechtigt, denn nur die derzeitige „schulische Ausbildung" gewährleistet eine gesellschaftliche Stellung und gutes finanzielles Auskommen, bei gleichzeitigen maximalen persönlichen Freiheiten.

Das Ziel jeder Bildungsreform sollte es sein, das Recht jedes Einzelnen, das Tempo, die Art und Weise und die aufzubringende Zeit für eine berufliche, existenzsichernde Tätigkeit selbst zu bestimmen, umzusetzen.

Nur „professorale" Akademiker, Millionäre, „berufliche Aussteiger" und einige Wenige, durch Zufall und Glück in ähnlicher Position, sind heute in der Lage das Tempo, die Art und Weise und die aufzubringende Zeit für Ihre „wirtschaftliche" Tätigkeit selbst zu bestimmen.

Das zu erreichen sollte aber auch das Recht eines jeden einzelnen sein.

Das derzeitige Ausbildungssystem erzeugt Über- und Unterangebote an Spezialisten, die zu Fehlbesetzungen im Wirtschaftsleben führen, mit der Folge, dass unser Wohlstand „verspielt" wird.

Es werden Personen ausgebildet, die eine der Ausbildung entsprechende Position nie erreichen können, weil in der heutigen Gesellschaft höchstens 10% der Arbeitsplätze derart gestaltet sind.

Das Überangebot zwingt natürlich die Wirtschaft, z. B. erst zwischen mehreren möglichen Bewerbern auszusuchen, um den Fähigsten zu finden.

Frustrationen des Personenkreises „die nicht zum Zug kamen", was sie durch entsprechende Handlungen die Umwelt merken lassen - um es banal zu sagen - sind die Folge.

Ist ein Unterangebot vorhanden, werden „gering fähige" Bewerber eingestellt, da es ja sonst keine anderen gibt. Später, falls ein größeres Angebot entstehen sollte, bleibt er trotzdem auf seiner Position und blockiert **anderen Fähigeren** diese Position.

> *Ein Bildungssystem mit 10 Jahren Vorlaufzeit*
> *„produziert" für eine „sich schnell entwickelnde", moderne Gesellschaft in Bezug auf*
> *Qualität und Quantität am Bedarf vorbei.*

Die Ursache dafür liegt in der Unmöglichkeit für die Gesellschaft den Bedarf an z.b. Ärzten, Lehrern, Ingenieuren und das für sie notwendige Wissen auf 10 Jahre oder mehr vorauszuschätzen, was der ungefähren Vorlaufzeit bei dem derzeitigen Ausbildungssystem entspricht.

Eine „sich schnell entwickelnde", moderne Gesellschaft auf der Basis neuster wissenschaftlicher Erkenntnisse, unternehmerischer Entscheidungen und auch politischer Vorgaben (Gesetze) erzeugt kontinuierlich „neue Märkte", die **jetzt** oder längstens „in zwei Jahren" einen Bedarf an beruflichen Spezialisten haben.

Zehn Jahre später existieren „andere Märkte" und ein „anderer Bedarf".

Das „**Peter Prinzip**" (Peter & Hall) findet seine höchste Ausformung durch kontinuierliche Überforderungen:

> *Beförderungen - beruflicher und gesellschaftlicher Aufstieg - bis diese Personen den **höchsten Grad** ihrer Überforderung (Unfähigkeit) erreicht haben.*

Wie kann bei letztgenannten Punkten eine Gesellschaft, die Wirtschaftlichkeit und Gewinn an erste Stelle setzt, überhaupt wirtschaftlich und effektiv arbeiten?

Effektivität, die sich nur an der Uneffektivität messen lässt, ist noch lange keine tatsächliche Effektivität.

Erst im Rahmen des „Globalisierung" wird erkennbar werden, welche Art der Ausbildung „effektiv" ist und welche Rangfolge eine Gesellschaft einnimmt, die nicht in der Lage ist praktische, handwerkliche Tätigkeitsfelder mit der eigenen Bevölkerung abzudecken.

1.3. Die Unmenschlichkeit

Obwohl das Ausbildungssystem in der Grundstruktur noch nicht so unmenschlich ist – ziemlich zynisch ist das was ich schreibe – denn die Unmenschlichkeit wird den betreffenden Personen nicht bewusst.

> *Die Betroffenen erkennen erst sehr viel später*
> *- zu spät, um daraus für sich selbst Konsequenzen zu ziehen -*
> *die Unmenschlichkeit des Systems.*

In der Schlussphase dieser langjährigen Ausbildungen werden dann bedarfsgerecht, jedoch unmenschlich - die „Prüfungskriterien" verschärft; eine überaus kostspielige Selektion für die Gesellschaft.

Was ist dann mit den „angehenden Spezialisten" wenn z.B.

- ein Mediziner das Physikum
- ein Jurist das 1.Staatsexamen oder
- ein Lehrer das 2.Staatsexamen

nicht besteht?

Was machen diese Personen dann?

Ohne Beruf?

Es ist infam in diesem System mit dem „nicht lösbare" Problem der gesellschaftlichen Bildungsplanung, nun diese Fehlentwicklungen einer individuellen Fehlentscheidung oder noch schlimmer zu einer individuellen Unfähigkeit zuzuordnen.

Sicherlich finden sie irgendwo im Handel oder in der Verwaltung oder sonst wo eine auf das Abitur aufbauende Tätigkeit.

Aber kann man nicht der angehenden Lehrerin / dem angehenden Lehrer unterstellen, dass diese nicht auch gerne in einem sozialpädagogischen Beruf, vielleicht Kinderpfleger / in, tätig wären, wenn die Gesellschaft in den nächsten Jahren kein weiteres Lehrpersonal benötigt?

Dann müssten diese natürlich eine neue Ausbildung machen und die früher verwandte Zeit fürs Abitur und Studium sind wirtschaftlich, obwohl sehr kostenintensiv, umsonst gewesen.

Mittlerweile dürfte diese dann Ende 20 sein und noch immer in der Ausbildung ohne Familie, ohne Lebensstandart, noch ist gar nichts erreicht.

Wer kann behaupten, dass diese Personen psychisch intakt bleiben?

Wie kann sich überhaupt eine „moderne" Gesellschaft anmaßen, von jungen Männern und Frauen zu verlangen, dass sie sich zwischen Ausbildung und Beruf einerseits und Ehepartner, Kind und persönlicher Geborgenheit andererseits, entscheiden müssen?

Hat der Mensch nicht ein Recht auf Beides?

Ist es denn nicht eine Zumutung für Schüler und Studenten mit einem besseren Almosen zu leben, wenn gleichaltrige sich schon eine wirtschaftliche Existenz aufgebaut haben?

Denn das Lernen wird sicherlich genauso anstrengend sein wie das Arbeiten.

> *Die Unmenschlichkeit lässt sich nur durch Veränderung des gesamten Ausbildungssystems beseitigen: „StAbi", statt Abi.*

Eine punktuelle Veränderungen, wie z. B. Bafög-Erhöhung oder sogar ein Studentengehalt in Höhe eines normalen Arbeitslohnes erhöht nur die gesamte Ungerechtigkeit, die die Arbeitenden dazu verpflichtet, eine Peson zu subventionieren, damit diese später sehr viel mehr als er selbst verdient.

Es ist schon schlimm genug, dass die Gesellschaft eine Gruppe von Personen, die nur einen Bruchteil der Bevölkerung ausmachen, über 10 Jahre und länger subventioniert, ohne dass diese Personen für die allgemeine Gesellschaft irgendetwas getan haben und vielleicht auch niemals tun werden, wenn Sie auswandern.

1.4. Die Kosten

Die im letzten Abschnitt gezeigten Verhältnisse machen es unumgänglich, auf die Kosten eines derzeitigen Ausbildungssystems einzugehen.

> *Die Summe der Fehlinvestitionen für das gesamte*
> *Volkseinkommen einschl. der staatlichen, privatengesell-*
> *schaftlichen und persönlichen Fehlinvestitionen lässt*
> *sich **nur in***
> ***jährlichen 2- 3 stelligen Milliarden – Beträgen** messen.*

Keine Statistik zeigt die Summe der staatlichen Fehlinvestitionen durch ein zuviel an Hochschulen und Universitäten, durch ein zuviel an Studienplätzen, die Personen ausbilden, die eine ihrer Ausbildung entsprechende Position nie erreichen können, durch ein zuviel an fest angestellten Professoren, Lehrern und Ausbildern.

Dieses wird aber von der Gesellschaft nicht als Fehlinvestition betrachtet, da man die Unmöglichkeit eines Rechtes auf Ausbildung für Alle in die Tat umzusetzen versucht.

Eine weitere Art der Fehlinvestition entsteht in weit größerer Ordnung, in der freien Wirtschaft, durch den Fehleinsatz von Personen, die keine der Ausbildung entsprechende Position innehaben, aber soviel verdienen, als ob sie diese Position ausfüllen würden und durch Personen, die eine entsprechende Position haben aber unfähig sind diese Position auch auszufüllen.

Zu oft habe ich Ingenieure und Betriebswirte gesehen, die bestenfalls Arbeiten verrichten, die die eines technischen Zeichners oder die eines einfachen Buchhalters sind.

> *Der „zweite" Bildungsweg war immer nur ein Alibi für*
> *eine Chancengleichheit*

Zu oft habe ich gesehen, wie zuwenig ausgebildete, aber befähigte Schlosser oder Krankenschwestern, die wegen früher fehlenden Chancen, in einem geistig und persönlich nicht mehr ausfüllenden Beruf tätig sein müssen.

Den zweiten Bildungsweg halte ich als Alibi für eine Chancengleichheit in der Ausbildung für nicht geeignet, insbesondere (selbst erlebt) wenn von 40 Bildungswilligen lediglich 9 Personen diese 3 ½ -jährige Belastung durchhalten.

Ich habe es in den 60-er Jahren selbst erlebt wie von 400 bildungswilligen Jugendlichen 360 die Aufnahme in den 2. Bildungsweg (Abendschule) verwehrt wurde.

Ihnen wurde bescheinigt nicht geeignet zu sein, wie auch später 1.500 Studienberechtigten nach der Aufnahmeprüfung an der Ingenieurschule, weil nur Platz für 240 Studenten vorhanden war.

Zu oft habe ich gesehen, wie ungelernte oder mangelhaft ausgebildete Personen eine Position bekleiden, von der sie nicht den Schimmer einer Ahnung haben. Nur haben sie sich diesem System vorzüglich angepasst und verteidigen das System, was ihnen diese Position gab, mit allen Mitteln – was meistens schon genügt um manche Position zu erreichen.

Dass die Enttäuschung darüber, eine Position nicht erreichen oder ausfüllen zu können, zu weitergehenden psychosozialen Folgen führt, liegt klar auf der Hand – darauf wurde schon eingegangen.

Weiterhin liegen Fehlinvestitionen durch Unproduktivität der Studienabbrecher und fehleingesetzten Personen während ihrer Ausbildungszeit vor, die zwar messbar wären, jedoch im Vergleich zu den persönlichen Fehlinvestitionen der betreffenden Personen – nicht erreichte Ziele, enttäuschte Hoffnungen, Abqualifizierung im und enttäuschte Erwartungen des Familien- und Bekanntenkreises, u.s.w. – vollkommen als zweitrangig zu betrachten sind.

2. „StAbi" statt „Abi" - Das bessere Ausbildungssystem

2.1. Begründung

Es wäre eine Vermessenheit zu behaupten:

Ich habe das bessere Rezept.

Wahrscheinlich haben schon – wie in meinem Vorwort gesagt – viele Politiker, Pädagogen und Soziologen darüber nachgedacht oder tun es noch.

Nur, wer weiß das schon? Es muss ein System gefunden werden, das die vorher beschriebenen Nachteile weitestgehend ausschließt.

Daher kann mein Vorschlag **nur** ein grobes Gerüst sein, deren inhaltliche, curriculare Ausfüllung **nur** durch Experten vorgenommen werden kann.

Was aber auch schon die Aufgabe von Bildungsexperten klar aufzeigt:

> *Ausfüllen des „StAbi" Systems mit curricularer Abstimmung der einzelnen Bildungsstufen, nicht Entwicklung eines neuen Ausbildungssystems.*

Das Warum und die Art eines neuen Ausbildungssystems kann nur von Politikern klargelegt und forciert werden.

Das Wie und die Methoden ist weiterhin den Bildungsplanern und Ausbildungsfachleuten überlassen.

Die Zielsetzung muss jedoch fixiert und wie bereits im Vorwort meines Buches beschrieben, auch benannt sein:

> *Im Mittelpunkt muss der Mensch mit dem Recht auf Chancengleichheit, Emanzipation, Selbstverwirklichung und Partizipation stehen, mit der Fähigkeit Verantwortung – nicht nur für sich selbst, sondern auch für andere – übernehmen zu können.*

Jeder Mensch hat das Recht auf Chancengleichheit, Emanzipation (freies selbstbestimmtes Handeln), Selbstverwirklichung (Entfaltung aller Ihrer Fähigkeiten bis hin zum „das mache ich jetzt auch") und Partizipation (ich kann alles verstehen und überall mitreden und mitmachen) stehen.

Auch mit der Fähigkeit Verantwortung – nicht nur für sich selbst, sondern auch für andere – übernehmen zu können und zwar nicht erst wenn dieser 30 oder 35 Jahre alt ist, sondern bereits mit 16-21 Jahren.

Es wäre für mich eine Anmaßung, wenn ich mich hier auch noch über das „Gen-Potential" der jungen „zeugungsfähigen" Menschen auslassen würde.

Darüber ist von Humanmedizinern und Ethnologen genug geschrieben worden.

Dieses persönliche Grundrecht des Einzelnen, in Verbindung mit dem gesellschaftlichen Bedarf an mittel- und hochqualifizierten Berufen und den gesellschaftlich tragbaren Kosten in Einklang zu bringen, ist fast mit der „Quadratur des Kreises" gleichzusetzen.

Insofern ist es von Bedeutung sich mit den beruflichen Tätigkeiten und den schulischen, bzw. akademischen Ausbildungen auseinander zu setzen.

Was trägt im Wesentlichen zu welcher Art der **Bedürfnisbefriedigung** bei?

Was kommt dem zuvor beschriebenen Menschenbild am Nächsten, was erzeugt die persönliche Befriedigung der Einzelnen auf dem Weg zufrieden und glücklich zu sein?

Die allgemeine derzeitige „kopflastige" Ausbildung kann es nicht leisten und daher sollte die „reine schulische Ausbildung" mit dem Durchschreiten der Pubertätszeit nach 10 Schuljahren im Alter von 16-17 Jahren einheitlich für alle jungen Menschen beendet sein, damit auch andere Fähigkeiten entwickelt werden können.

Junge Menschen müssen die Chancen der Selbstbestimmung über ihr eigenes Leben durch eine frühzeitige berufliche Qualifikation erhalten.

Junge Menschen, wahlberechtigt, geschlechtsreif, militärdiensttauglich müssen nicht nur in der Lage sein sich selbst, sondern auch eine Familie oberhalb des Sozialhilfesatzes ohne Fremdhilfe zu ernähren.

In Teil I, Kapitel 2. Bedürfnisbefriedigung und Bedürfnisstrukturen wurde festgestellt:

> *Zwischen „knallharten" wirtschaftlichen Bedürfnisarten sind die „weichen" sozialen Bedürfnisarten zwischengelagert.*

Die Bedürfnispyramide von Maslow lässt sich auch auf das Ausbildungs- und Berufsleben übertragen.

Der Wechsel zwischen beruflicher Tätigkeit und schulischen und akademischen Aus- und Weiterbildungen ist derart zu verzahnen, dass sich Phasen der reinen Ausbildung mit denen der beruflichen Tätigkeit als „berufliche Sozialisationsphase" abwechseln.

Das frühere Wirbelsäulenbeispiel verdeutlicht nicht nur die entstehenden Probleme, sondern auch die Notwendigkeit einer Rangfolge der jeweiligen Bedürfnisbefriedigung, insbesondere das der Geborgenheit, Zugehörigkeit , Sicherheit und Anerkennung, nicht nur für Erwachsene, sondern im besonderem Masse auch für Jugendliche und Heranwachsende.

Alle drei zuvor genannte Personengruppen, d. h. die gesamte Gesellschaft sind auch verantwortlich für die Kinder – vom Säuglingsalter bis zur Schulpflicht innerhalb der Familie oder über Kindertagesstätten, Kindergärten, Vorschule und Primarstufe hinaus.

Die Wirbelsäule von Kinder ist noch viel zarter und verletzlicher und benötigt daher die Erfüllung der sozialen Bedürfnisse im besonderen Masse, was für Eltern , Betreuer, Kinderpfleger und Lehrer im Grunde Qualifikationen voraussetzt, die heute nur Akademikern zugebilligt werden.

In Analogie zur Bedürfnishierarchie nach Maslow wurde nun eine Prioritätenfolge zu den Ausbildungsstufen nach „StAbi" entwickelt.

Aus sich selbst heraus wird die Unvereinbarkeit mit dem derzeitigen Bildungssystem deutlich.

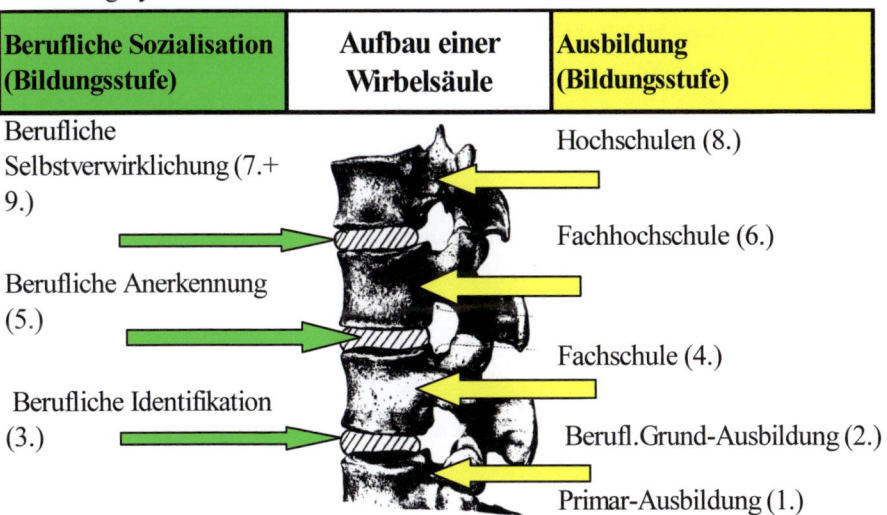

Berufliche Sozialisation (Bildungsstufe)	Aufbau einer Wirbelsäule	Ausbildung (Bildungsstufe)
Berufliche Selbstverwirklichung (7.+ 9.)		Hochschulen (8.)
		Fachhochschule (6.)
Berufliche Anerkennung (5.)		
		Fachschule (4.)
Berufliche Identifikation (3.)		Berufl.Grund-Ausbildung (2.)
		Primar-Ausbildung (1.)

Wie fehlende Bandscheiben zu einer Versteifung der Wirbelsäule und somit zu einer Behinderung führen, so erzeugt das **Fehlen einer „weichen" Bedürfnisbefriedigung**, insbesondere Geborgenheit, Sicherheit und Zugehörigkeit, bzw. berufliche Identifikation (hier Stufe 3) und der berufliche Anerkennung (hier: Stufe 5), letztendlich keinen „psychisch gesunden Menschen".

Die Stufen der beruflichen Sozialisation können auch in ihrer Gesamtheit in den vorhergehenden Bildungsstufen erreicht werde, was jedoch eine starke Selbsteinschätzung bzw. Selbstreflexion (s. Seite 152, Peter Prinzip) voraussetzt und zukünftige Bildungsaufgaben klar aufzeigt (Besser ein guter Handwerker als ein schlechter Ingenieur).

Für das gesellschaftliche Fehlverhalten von Einzelnen und Gruppen, z. B. von Jugendbanden und „nur schwer erreichbaren" Jugendlichen oder „dauerfrustrierten" Erwachsenen, kann das Fehlen der Erfüllung der sozialen Grundbedürfnisse „Zugehörigkeit", „Geborgensein"(abgesichert, aufgefangen, gepflegt in einer Gruppe, geliebt von einer Gruppe) zusätzlich mit dem Fehlen einer beruflichen Identifikation, ein Erklärungsmuster sein.

Das Fehlen der Erfüllung einer beruflichen Identifikation, schlimmer noch in Verbindung mit dem nichterfüllten wirtschaftlichen Bedürfnis der Existenzsicherung, bzw. dafür auf die Hilfe der Gesellschaft (Hartz IV oder Sozialhilfe) angewiesen zu sein, verhindert jegliche soziale Bedürfnisbefriedigung und / oder zerstört sogar bestehende, bisher erreichte Bedürfnisbefriedigung durch Veränderung der Persönlichkeitsstruktur, insbesondere bei „Langzeit"- arbeitslosen Menschen.

Nicht umsonst sind Psychiater überbelastet und die Suizidquote beträgt ca. 0,1 %o der Bevölkerung , d.h. **10.000 Suizide** pro Jahr allein in Deutschland.

- Das sog. Kulturbedürfnis (Ausbildung, Schule etc) wurde und wird auch einheitlich den wirtschaftlichen Bedürfnissen zugeordnet, weil sich letztlich jeder eine „Ausbildung", die seinen Fähigkeiten und Neigungen entspricht (so er genug Geld hat) kaufen kann.

- Durch die erfolgreiche Teilnahme am Berufsleben (s. das frühere Beispiel: Jagd und Teilung des Erlegten mit seinem Stamm) wird ein Mensch seinem **„Anerkennungsbedürfnis"** gerecht, denn nun ist dieser ein (e) erfolgreiche (r) Mitarbeiter(in), kann sich und die Angehörigen ohne Fremdhilfe ernähren.

- Der wirklich Mutige wird sich möglicherweise sogar vom **Familienunternehmen** trennen (wenn der Häuptling keinen Platz macht) und selbständig eine eigene berufliche Existenz gründen, was der höchsten Ebene der sozialen Bedürfnisse entspricht der **„Selbstverwirklichung"** (Hier: Stufe 7 + 9).

Die Stufenausbildung, wie bereits in Bachelor- und Masterstudiengängen vorgezeichnet, kann beispielsweise aus 8 - 10 Stufen oder Blöcken bestehen, jeweils aus beruflichen Sozialisationsabschnitten und theoretischen Aus- / Weiterbildungs-Abschnitten, die an diversen Fachschulen , Fachhochschulen und / oder Universitäten angesiedelt sind und auch dem Anspruch einer lebenslangen Weiterbildung gerecht wird.

Die entsprechenden Abschlusstitel, graduiert, diplomiert oder promoviert, Bachelor- oder Masterabschluss, Magister oder Assessor, haben nur noch eine semantische Bedeutung bzw. lediglich bei der Ersteinstellung nach der jeweiligen Bildungsstufe eine Beurteilungsfunktion, die durch diese berufliche Tätigkeit überholt wird.

So paradox dieses klingt:
Die berufliche Tätigkeit selbst, die zwar eine „wirtschaftliche Bedürfnisbefriedigung" ermöglicht, ist als solche den sozialen Bedürfnissen mit seinen Einzelstufen zuzuordnen, denn wie zuvor schon festgestellt:

Eine Gehaltserhöhung kann man nicht kaufen.

„**Ehrliches**" Lob, eine wirklich verdiente Gehaltserhöhung, die sachlogisch auch zu einer Steigerung des Selbstwertgefühls führt, kann man nicht kaufen.

Hier nur eine kleine Auswahl, die sich beliebig (♀ oder ♂) erweitern lässt:

- Die Ärztin, die von ihren Patienten hoch geachtet ist.
- Der Taxifahrer, der persönlich gewünscht wird.
- Der Handwerker, der namentlich benannt die Reparatur durchführen soll.
- Der Friseur, mit dem ein persönlicher Termin vereinbart wird.
- Der Physiotherapeut, der speziell für die Behandlung angefragt wird.

Alles Berufstätige, die immer wieder - weil zuverlässig und /oder kompetent – aufgesucht bzw. nachgefragt werden.

Erst diese Reaktionen der Umwelt erzeugen die sozialen Bedürfnisbefriedigung der Anerkennung und Wertschätzung, die niemals käuflich sein kann.

Anerkennungen, die nur über „Ausbildungsqualifikationen" erwartet werden, **führen nicht zum Ziel** der sozialen Bedürfnisbefriedigung, denn Doktortitel sind käuflich oder auch wenn es erst nach 20 Semestern gelingt.

Der Mangel an Befriedigung von sozialen Bedürfnissen ist durch „Selbstreflexion" zu erkennen, d. h. nur durch eine „Veränderung des eigenen Verhaltens" zu kompensieren, hier nun:

Ein Ausstieg aus dem derzeitigen Beruf - möglicherweise auch der Berufsrichtung - mit einer neuen Stufe der Aus- oder Weiterbildung ist das beste Heilmittel, mit der Chance, es im neuen Beruf „besser" zu machen.

> *Erst die Ausfüllung innerhalb einer beruflichen Tätigkeit ermöglicht eine soziale Bedürfnisbefriedigung.*

Sachlogisch ist jedem Menschen schon in jungen Jahren die Möglichkeit zu eröffnen, diese Art der Befriedigung, die auch ein Selbstwertgefühl erzeugt, zu ermöglichen.

2.2 Die Stufenausbildung

Wie schon eingangs gesagt, ist der Aufbau eines neuen Ausbildungssystems in Anlehnung an das bestehende gymnasiale System vollkommen unmöglich.

Allenfalls eignet sich die ungefähre Richtung des zweiten Bildungsweges dazu.

Studienjahr		30 % Bedarf 30 %	Lebensalter	
8		**Berufliche Sozialisation** Promotion –Lehramt – Magister	35 34	**9. Stufe**
7		**Universität**	33	
6		Wissenschaftliche Hochschule	32	**8. Stufe**
5		Propädeutik bzw. Defizitbeseitigung	32 - 55	
		Berufliche Sozialisation als z.B. Ingenieur (in)- Narkosearzt (in) – grad Betriebswirt(in)	31 30 29	**7. Stufe**
4		**Fach-Hochschule**	28	
3			27	**6. Stufe**
13		Propädeutik bzw. Defizitbeseitigung	27 - 45	
		Berufliche Sozialisation als z.B. Meister (in)- Betriebswirt(in) – Techniker(in -Physiotherapeut(in) - OP-Krankenpfleger(in)	26 25 24	**5. Stufe**
2		**Höhere Fachschule / Meisterschule**	23 22	**4. Stufe**
1				
12		Propädeutik bzw. Defizitbeseitigung	22 - 35	
	Fach-Berufe	**Berufliche Sozialisation** Facharbeiter(in)-Handwerker (in)-Kaufm.Gehilfen-K-Pfleger(in)	21 20	**3. Stufe**
11		**Berufliche Erst-Ausbildung**	19	**2. Stufe**
	Anlern-berufe	zum (r) Facharbeiter(in) – Handwerker(in) -	18	
		Kaufm..- Gehilfen – Verkauf- K-Pflege	17	
10		**Defizitbeseitigung**	17 - 25	
10		**Grundausbildung** **Primar – Stufe**	16	**1. Stufe**
Schuljahrgang		100 % Bedarf *) 100 %	von bis **Lebensalter**	

*) Bedarf eines Geburtenjahrgang bzw. % -Anteil an der Bevölkerung

Die bisherige Sekundär-Stufe (Klassen 11-13) werden in die nächsten Stufen (2 , 4 und 6) von „StAbi" verlagert und in diese Bildungsgänge integriert.

Für die direkte Zulassung zu einer höheren Ausbildungsstufe (Stufe 4, 6 und 8), gehören zu den nachstehend genannten Punkten noch weiter Kriterien, wie der **tatsächliche Bedarf** und die persönliche Eignung für eine derartige Ausbildung, d. h. eine Ausleseprüfung.

Die 1. Stufe:

Die allgemeine Schulpflicht auf einer Haupt- oder Realschule endet zum 16. Lebensjahr, bzw. nach Klasse 10, wobei das letzte Schuljahr eine berufsspezifische Funktion haben sollte, die 9. und 10. Klassen in z.b. technische, kaufmännische und sozialpflegerische Richtungen nach Eignung und Neigung differenziert werden sollten.

Die 2. Stufe:

Die Jugendlichen durchlaufen eine mindestens 2 – jährige praktische Tätigkeit innerhalb eines „dualen Systems". Diese schließt mit einem Zertifikat ab, das dem heutigen Gesellen-, Facharbeiter- oder Kaufmanngehilfenbrief entsprechen kann.

Die 3. Stufe:

Zwei praktischen beruflichen Tätigkeitsjahre dienen einer Selbstfindung mit einer beruflichen Identifikation (berufliche Sozialisation), man (frau) hat einen qualifizierten Beruf, sucht und findet den zufriedenstellenden Arbeitsplatz, wobei gemäß dem „SCHarm"-Modell, s. Teil III, ein gesetzlicher Mindestlohn einen Nettolohn weit oberhalb der Sozialhilfesätze und über den Familienlastenausgleich auch die Ernährung einer Familie ermöglicht.

Die Vorraussetzung für den Besuch der nächsten Stufe ist erfüllt, wenn höhere Qualifikationen am Arbeitsplatz gefordert sind oder das Aufgabengebiet der höherqualifizierten KollegInnen erstrebenswert ist oder etwas ganz anderes (eine andere Berufsrichtung bedingt ein Praktikum) machen möchte.

Die 4. Stufe:

Frühestens **22-jährig** kann mit dieser Stufe begonnen werden. In einer einjährigen schulischen Vorklasse, ggf. auch in einer Teilzeitform können Defizite oder versäumte Abschlüsse nachgeholt werden.

Die zweijährige schulmäßige Ausbildung auf Schulen, die ungefähr der heutigen Fachoberschule mit unterschiedlichen fachlichen Richtungen entsprechen kann, baut auf ein vorhandenes Allgemeinwissen und schon grundlegendes Fachwissen mit Bezug zur Praxis auf.

Es dürfte es keine Unmöglichkeit sein, ein allg. Wissen, der heutigen mittleren Reife und ein Fachwissen, dem Stand eines Technikers, praktischer Betriebswirt oder einer medizinisch technischen Assistentin entsprechend, zu erreichen.

Die 5. Stufe:

Mit diesem beruflichen Abschluss und einer 2-jährigen praktischen Tätigkeit mit den höheren Chancen eine beruflichen Anerkennung zu finden, man (frau) hat einen höherwertig qualifizierten Beruf, sind im Bedarfsfall die Voraussetzung für den Besuch der 6. Stufe.

Auf den Vorteil, den die Anrechnung der Militärzeit, Mutter- oder Elternzeiten auf die geforderte praktische Tätigkeit für den Betreffenden hätte, will ich nicht weiter eingehen.

Die 6. Stufe:

In einer einjährigen Vorklasse, ggf. auch in einer Teilzeitform oder als Fernstudium können Defizite oder versäumte Abschlüsse nachgeholt werden.

Frühestens **27-jährig**, ähnlich wie vorhergehend in Anlehnung an bestehende Fachhochschulen jedoch nur 2-jährig, baut auch diese Stufe auf vorhandenes Allg.- und Fachwissen auf, , vertieft durch die Praxis.

Das nach diesem Studium erteilte Zertifikat entspricht dem heutigen FH- Diplom, bzw. dem Bachelorabschluss.

Die 7. Stufe:

Eine praktische Vertiefung, sprich: berufliche Tätigkeit von 2 Jahren schafft vergrößerte Chancen einer beruflichen Selbstverwirklichung und auch im Bedarfsfall die Voraussetzung für die 8. Stufe, für die sich dann beispielsweise der heutigen Ausbildung entsprechend grad. Ing. und grad. Betriebswirte oder auch vielleicht neu geschaffene Berufe, wie der grad. Narkosearzt, interessieren.

Die 8. Stufe:

In einer einjährigen Vorklasse, ggfl. auch in einer Teilzeitform oder als Fernstudium können Defizite oder versäumte Abschlüsse nachgeholt werden.

Frühestens **32-jährig** kann mit dem Besuch einer der heutigen Hochschule entsprechenden Einrichtung begonnen werden.

Auf der vorgenannten Einrichtung, unterstützt durch Sondereinrichtungen der Wirtschaft, können die Betreffenden in dieser zweijährigen Ausbildung und wissenschaftlichen Tätigkeit den höchsten Grad der Ausbildung erreicht haben.

Die 9. Stufe:

Auf der vorgenannten Einrichtung als Lehrende, in Sondereinrichtungen der Wirtschaft als Ausbilder, in der Forschung, Wissenschaft oder in der Wirtschaft selbst können die Betreffenden sich beruflich einschränkungsfrei verwirklichen bzw. entfalten.

*

Das Hauptargument gegen eine derartige Stufenausbildung wahrscheinlich:

- Die Gesamtausbildung dauert zu lange.
- Die Gesellschaft bekommt zu spät oder gar nicht hochspezialisierte Fachkräfte und Wissenschaftler.

Aber dazu müsste man feststellen,

- was bei sogenannten konzentrierten Studiengängen mit / ohne Praktika **überhaupt „hängen geblieben"** ist, inwieweit Lerninhalte internalisiert wurden, was lediglich **nur** „affektiv" wiedergegeben wird und inwieweit Kritikfähigkeit (Voraussetzung für Kreativität) ausgebildet wurde, bzw. sogar als unerwünscht betrachtet wird (s. Teil 1: Mandarin – Syndrom)

- ab welchem Alter **bisher** Wissenschaftler und Spezialisten voll einsatzfähig waren und in welcher Größenordnung Fehlinvestitionen von Spezialisten durch fehlende oder mangelhafte Basis -kenntnis entstanden sind.

- ob die Gesellschaft **„wertfreie"** Wissenschaftler und Spezialisten überhaupt benötigt oder „erzeugen will".

Brauchen wir Berufe, die losgelöst von ethischen und sozialen Grundsätzen irgendetwas entwickeln oder produzieren und mangels einer Ausbildung der sozialen Fähigkeiten und Kenntnisse des Umfeldes der anderen Tätigkeitsstufen nun Machtpositionen erklimmen können?

Die Vorteile einer derartigen Stufenausbildung – keine Schablonenausbildung, sondern flexible Berufsrichtungswechsel nach jeweiligen beruflichen Sozialisationsphasen - sind vielmehr in den bereits aufgezeigten und in den nachstehenden, allgemeinen gesellschaftspolitischen Gründen (u. a. Krankheits- und Ausbildungskosten) zu finden.

2.3. Der Bedarf

Durch die Zergliederung der Gesamtausbildung in Zeiträumen von 2 Jahren, bzw. 4 Semester, ist eine Anpassung des praktischen und auch theoretischen Lehrstoffes an die gesellschaftlichen und wirtschaftlichen Notwendigkeiten problemlos möglich.

Da in allen Ausbildungsstufen eine Vertiefung der theoretischen Vorbildung durch die Praxis stattfindet, ist auch der Bezug zu neuen Lehrinhalten größer.

Einige Beispiele:

2.3.1 Für einen angehenden Techniker ist das genaue und klare technische Zeichnen schon direkt selbstverständlich, da er sich früher nach seiner 1. Ausbildungsstufe mit technischen Zeichnungen auseinandersetzen musste

2.3.2. Für einen angehenden graduierten Operationsarzt (möglicher neuer Beruf, der z.B. alle weiteren chirurgischen Tätigkeiten nach der Operationsursachenbeseitigung durch einen Arzt der 4. oder 5. Ausbildungsstufe übernimmt), sind die Folgen einer nicht einwandfrei durchgeführten Operation viel plastischer vorstellbar, wie z.b. erhöhter Pflegeaufwand, Risiko einer erneuten Operation.

In seinen früheren Tätigkeiten als Krankenpfleger (1. Stufe) und Krankengymnast (2 Stufe) hat er die Arbeiten und Belastungen aus derartigen Fällen praxisnah erfahren.

2.3.3. Für den angehenden Diplomsoziologen werden ihn die früheren Tätigkeiten überhaupt erst befähigen soziologische Verhältnisse und deren gesellschaftspolitische Auswirkungen schneller und klarer zu erkennen. Seine früheren Tätigkeiten könnten z.B. Schlosser (1. Stufe), Techniker (2. Stufe) und grad. Sozialpädagoge (3. Stufe) – nach Absolvierung eines 1jährigen Praktikums, bedingt durch die Umstellung der Berufsrichtung - gewesen sein.

Der Bedarf an qualifizierten Personen kann also gut gedeckt werden.

Um darüber hinaus auch eine quantitative Bedarfsdeckung für hochqualifizierte zukünftige Tätigkeitsfelder innerhalb von kurzen Zeiträumen (2 Jahre) möglich zu machen, müssen entsprechend viele in der betreffenden vorhergehenden Ausbildungsstufe ausgebildet werden.

Für das Zuviel an „vor-ausgebildeten" Personen werden aber keine existenzbedrohenden Probleme auftreten, da diese zum Einen noch in ihrem gelernten oder studierten Beruf arbeiten können und zum Anderen sobald Positionen frei werden, diese auch kurzfristig besetzen können.

Die Vorteile für die Volkswirtschaft durch eine schnelle Bedarfsdeckung (ca. 2 Jahre) sowohl in qualitativer als auch in quantitativer Hinsicht sind nicht zu übersehen.

2.4. Die Kosten

Durch die schon vorher genannten Punkte wird die Möglichkeit einer höheren Wirtschaftlichkeit eines derartigen Ausbildungssystems aufgezeigt, was natürlich Kostensenkungen auf verschiedenen Ebenen zur Folge hat.

Die Zahl der Theorie-Ausbildungsstätten kann dem tatsächlichen Bedarf angepasst werden, eine Reduzierung des festangestellten und beamteten Lehrpersonals würde auftreten.

Im Grunde sollte diese auch stattfinden und ein zusätzlicher Bedarf oder das gesamte Lehrpersonal aus Wirtschaft und Forschung mit „Zwei-„ oder „Fünf-Jahresverträgen" eingestellt werden, denn diese bewegen sich selbst ja auch in diesem Stufenbildungssystem..

Das „pädagogische Element" der Ausbilder kann mit den ansteigenden Stufen kontinuierlich vernachlässigt werden, denn Menschen, die bereits mehrere Stufen durchlaufen haben, kennen den Wert der Bildung und haben das „Lernen" gelernt.

Im Umkehrschluss ist das „pädagogische Element" auf den unteren Stufen – insbesondere auch vor der Primarstufe – auszubauen, denn „was Hänschen nicht lernt, lernt Hans nimmermehr", das „Lernen" lernen und „soziale Kompetenzen" erwerben.

Weiterhin liegt eine große Chance für höhere Wirtschaftlichkeit, für ein intensiveres Lernen und für einen schnellen Studienabschluss in der sehr viel höheren Motivation der Auszubildenden.

Falls diese höhere Motivation nach weiterer Ausbildung infrage stehen sollte, besteht die einfache Möglichkeit grundsätzlich das 1. Halbjahr einer bestimmten oder aller Ausbildungsstufen auf zwei Abendsemester zu verteilen, was auch wiederum kostensparend wirken würde.

Wenn durch vorgenannte Maßnahmen unbestreitbar die Eignung und die entsprechende Motivation der Auszubildenden außer Frage steht, eröffnet sich die Möglichkeit der **vollen Studienfinanzierung** (sprich: Ausbildungsgehalt) in der Größenordnung des Letzt- oder Durchschnitteinkommens der entsprechenden Auszubildenden, ohne Rücksicht auf Herkunft, Alter und Zwischenzeugnisse durch die Gesellschaft selbst, bei möglicher % - ualer Selbstbeteiligung an den Ausbildungskosten (abhängig vom Menschenbild des politischen Betrachters).

Stipendien der Wirtschaftszweige, die einen besonderen Bedarf an „höher qualifizierten" Mitarbeitern haben, der kurzfristig nun zu decken ist helfen dem „Studenten" im Rahmen einer Voll- oder Selbstbeteiligungsfinanzierung.

Die Auswirkungen der höheren Wirtschaftlichkeit und die Vermeidung von Fehlinvestitionen durch derart ausgebildete Personen in Staat und Wirtschaft lassen sich nur erahnen.

Die bisherigen Tätigkeitsfelder dieser „neuen" Studenten mit bisher nicht **erfassbaren Synergieeffekten** für diese Ausbildungsphasen erzeugen eine „sich selbst regelnde" curriculare Weiterentwicklung (was soll wofür und warum gelernt /gelehrt werden).

Selbst wenn ein derartiges Ausbildungssystem in den Kosten höher wäre, so ist die kontinuierliche Ausbildung für alle, die Möglichkeiten der Ausbildung trotz Familie und der Abbau der gesellschaftlichen Gruppierungen in finanzieller Hinsicht kaum messbar.

Aber auf dieses Thema wurde bereits im Bereich der gesellschaftlichen Soziallasten, die nur auf den Produktionsfaktor „Arbeit" abgewälzt werden, schon eingegangen.

Da der volkswirtschaftliche Zusammenhang für die Gesamtgesellschaft unübersehbar ist, darf die Grundlage „die 1. Stufe" eines derartigen Stufenausbildungssystems nicht länger dem ideologischen "Politpoker" der einzelnen Länder-Kultusministerien ausgeliefert sein.

2.5. Die direkte Chance für eine menschlichere Gesellschaft

Die vorher beschriebenen, praxisnahen Ausbildungen ermöglichen aus sich selbst heraus schon ein größeres Verständnis für die Mitarbeiter und deren Tätigkeit, die sich noch in einer unteren Ausbildungsstufe oder Berufsrichtung befinden.

Auch fällt der Leistungsdruck und der Erfolgszwang zur Erreichung eines Ausbildungsabschlusses oder die Ausfüllung einer der Ausbildung entsprechenden Position weg, da ein Versagen nicht mehr existenzbedrohend ist und somit der Absturz in ein bodenloses Nichts nicht mehr auftreten kann.

Zum Einen gewährleistet der schon vorhandene Beruf die Existenzgrundlage und zum Anderen ist das „Umsteigen" in eine andere Berufsausrichtung kurzfristig und ohne große Schwierigkeiten möglich.

„Burn-out"- Syndrome und Forderungen nach „Sabbat"- Jahren lassen auch ein temporäres „Aussteigen" zu , denn der Wiedereinstieg kann in die Zeit vor, nach oder während einer neuen Ausbildungsstufe integriert werden, d. h. Selbstbestimmung dominiert die Handlung.

Das heißt aber nicht, dass durch den Wegfall des Leistungsdruckes und des Erfolgszwangs weniger das anvisierte Ziel erreichen, sondern durch die erhöhte Motivation einen größeren Erfolg haben werden.

> *Leistungsdruck und Erfolgszwang waren immer schon Bremsen der persönlichen Entfaltung und kreativen Tätigkeit.*

Die Hauptchancen dürften aber in folgenden Punkten zu suchen sein:

Durch die Zergliederung der Gesamtausbildung in einzelne Stufen haben auch sogenannte Spätentwickler oder Personen, deren Herkunft zu starken Bildungs- und Ausbildungsnachteilen führte oder Personen, die längere Zeit aus ihrem Beruf heraus waren (z. B. Mütter *)), durch private Initiativen oder vorgeschaltete Aufbaukurse für die nächsthöhere Ausbildungsstufe praktisch unbegrenzt Zeit sich die notwendigen Voraussetzungen, die sie bisher nur mühsam erlernt hatten oder schon wieder vergessen haben, zum Bestehen der Eignungsprüfung zu erreichen.

*) natürlich: & Väter; obwohl im Kopf angekommen und selbst anders gelebt, meldet sich die Erziehung, das „alte Rollenschema" zurück.

Unbefriedigende Tätigkeitsfelder können durch diese Vorkurse den Schritt in andere Tätigkeitsfelder eröffnen, von der Technik zum Sozialberuf, von der Wirtschaft zur Technik, von Sozialberufen zur Technik oder auch umgekehrt.

Die tatsächliche Altersgruppierung in den einzelnen Ausbildungsstufen wird sich dementsprechend nicht auf die im Abschnitt 2.2. genannten Altersgruppen beschränken, sondern nach der 1. Stufe vermutlich folgende sein:

2. Stufe 17 – 25 jährig	3. Stufe 20 – 30 jährig
4. Stufe 22 – 35 jährig	5. Stufe 24 – 40 jährig
6. Stufe 27 – 45 jährig	7. Stufe 29 – 50 jährig
8. Stufe 32 – 55 jährig	9. Stufe 34 – 60 jährig

Zu dieser totalen Vermischung der Altersgruppen kommt noch eine totale Vermischung der Herkunft, der bisherigen Tätigkeitsfelder mit nicht **erfassbaren Synergieeffekten** für diese Ausbildungsphasen.

Das Zusammenleben derartiger, heute noch vorhandener „separater Gruppen" führt zu einem viel größeren persönlichen Verständnis und besserer Kontaktfähigkeit dieser Menschen untereinander.

Oder glauben Sie, dass heute der selbstständige Handwerksmeister ohne ein neidvolles Auge die angehenden, vom Arbeitsamt oder Staat finanzierten, Techniker und Akademiker betrachtet?

Er selbst bleibt ja für eine weitere Ausbildung ausgeschlossen und darf angehende Akademiker nur noch durch seine Arbeit (Steuern) mitfinanzieren.

Auch die sogenannten Generationsprobleme, die es angeblich immer gab und geben wird, können sich auflösen, da einerseits die existenzielle Sicherheit der über 40jährigen nicht nur durch materielle Sicherheit erreicht werden braucht und andererseits die jüngere Generation nicht mehr das Gefühl hat, von der anderen Generation finanziert zu werden, da sie selbst schon einen finanziellen Beitrag für die Gesellschaft während ihrer praktischen Tätigkeit geleistet hat.

Schlagworte wie „alles kaputtschlagen" oder „Schmarotzer der Gesellschaft" dürften der Vergangenheit angehören, denn sowohl für den noch Auszubildenden als auch für den schon Ausgebildeten ist es **keine Unmöglichkeit** den Status des Anderen zu erreichen, wie größere persönliche Freiheiten während der Studienzeit und / oder später ein besseres finanzielles Auskommen.

Weiterhin wird die These, dass das Leben ein Dauerlernprozess, neudeutsch: „Employability *)", ist, endlich auch für die realisierbar, die sich bisher in einer Berufssackgasse befanden oder die ihre eigene Situation nicht erkennen konnten, da sie diese Fähigkeit nie erlernt hatten.

*) „Employability", ein sich auf den „Arbeitnehmer" beziehende „Unternehmenskultur (KStA vom 31.3.07), die zwar die individuellen Fähigkeiten des Menschen und die zuvor genannten

Grundsätze wenig beachtet, jedoch zumindest die Notwendigkeit „lebenslangen Lernens" bestätigt:

Arbeitnehmer werden nach Ansicht von Experten künftig deutlich mehr tun müssen, um ihre Beschäftigung langfristig zu sichern. „Employability" heißt das neue Fachwort dafür – zu deutsch: Beschäftigungsfähigkeit. Zur „Employability" zählt etwa das eigene Investie-

seien für die Zukunft massive Auswirkungen der demographischen Entwicklung auf den Arbeitsmarkt zu erwarten. „2030 ist der größte Jahrgang der Babyboomer in Rente", so Rump. Die Zahl der Arbeitskräfte werde langfristig kleiner. Gleichzeitig werde Wissen immer mehr zum Wettbe-

Lebenslanges Lernen
„Employability" wichtig für Arbeitnehmer

ren in Weiterbildungsmaßnahmen, mit dem Ziel, seinen Job auf Dauer zu erhalten.

Dieser Gedanke werde in Zukunft noch mehr an Bedeutung gewinnen, ist sich Jutta Rump sicher. Die Professorin des Instituts für Beschäftigung und Employability an der Fachhochschule Ludwigshafen weiß: „Die Arbeitsprozesse werden immer wissensintensiver. Die Halbwertzeit von Wissen wird allerdings immer kürzer." Jobs in der Produktion gehen weiter verloren, und übrig blieben Arbeitsplätze, die ein hohes Wissen erforderten. Arbeitnehmer sollten sich daher schon frühzeitig fragen, was ihre Stärken sind und was zu tun ist, um sie zu erhalten – etwa durch gezielte Weiterbildungskurse.

Aber auch für Unternehmen wird „Employability" nach Einschätzung von Rump zunehmend wichtiger: Einerseits

werbsfaktor. Ein Hochlohnland wie Deutschland habe gegen die globale Konkurrenz nur mit hoch qualifizierten Arbeitskräften eine Chance.

Noch spürbar zunehmen werden nach Rumps Überzeugung Arbeitsplätze in „wissensintensiven Dienstleistungsberufen". Denn Deutschland werde zunehmend zum postindustriellen Wirtschaftsstandort: „67 Prozent der Arbeitsplätze sind schon heute im Dienstleistungssektor." Und das sei vergleichsweise noch nicht viel: „Großbritannien und die USA liegen bei 80 Prozent." Für niedrig Qualifizierte wird es dagegen immer weniger Arbeitsstellen geben, glaubt die Wissenschaftlerin. Die Unternehmenskultur müsse deshalb so sein, dass „Employability" auf der Agenda steht. (dpa/hol)

Ⓛ www.in-eigener-Sache.de
www.fh-ludwigshafen.de

IV. Teil: Zukunftsfähigkeit – Nur eine Vision ?

Eine der Grundbedingungen die Zukunft auf demokratischem Wege umzugestalten ist das Wissen über die Verflechtung von Politik und Interessengruppen, d. h. das Offenlegen aller Verbindungen von Personen der Legislative zu Gruppierungen, die von neuen Gesetzen betroffen sind oder auch der Ausschluss von Personen der Legislative an diesen Entscheidungsprozessen.

1. Der gläserne Abgeordnete

Dieses Kapitel soll kein Angriff auf die Abgeordneten sein, denn ich machte die Erfahrung, dass die „normalen" Abgeordneten durchaus die geschilderten Probleme als solche erkannten, ja sogar dankbar diese „endlich praxisnahen" Problemschilderungen aufnahmen, nur diese notwendigen Änderungen „systemkonform" umzusetzen, „stößt auf den erbitterten Widerstand" des vorhandenen „Mandarin-Systems".

Wie viele Organisationen und Gutachter vom „System" den Abgeordneten präsentiert werden, mag an einem kleinen Beispiel einer Gesetzesänderung „GMG" (=Gesundheits-Modernisierungsgesetz) aus dem Jahre 2003 verdeutlicht werden, Auszug aus Bundestagsdrucksache 15/1600, Seite 4-7:

- **7** Bundestags-Ausschüsse
- **136** Organisationen /Vereine und
- **44** Gutachter

waren in mehrtägigen Sitzungen mit diesen Gesetzentwürfen beschäftigt.

(Die Bundestagsdrucksachen sind unter: "**www.bundestag.de**" , allgemein zugänglich)

Verständnis kann ich dafür entwickeln, dass in Rahmen der volkswirtschaftlich notwendigen Überprüfung andere Politikfelder betroffen sind, hier die Notwendigkeit der anderen Bundestagsausschüsse.

Es ist jedoch eine **Ressourcenverschwendung** „pur", wenn sich diese Abgeordneten nun innerhalb der „Anhörungen" mit 136 undemokratisch zusammengesetzten „Lobbygruppen" und 44 Gutachtern auseinandersetzen müssen.

Hier wird **den Abgeordneten die Zeit gestohlen** und seitenlange, im „Ministerial-System" entstandene und mehrfach nach Einfluss der Lobbygruppen geänderte **unverständliche Gesetzestexte**, dem

Bürger, dem Patienten und den Leistungserbringern präsentiert, die diese unverzüglich zu beachten haben.

Wegen der **mehrdeutigen Interpretation** („Fortbestand der Rechtsunsicherheit") stellen diese Gesetzestexte für andere Teile des „Mandarin-Systems" eine Arbeitsbeschaffungsmaßnahme dar, die eine auch verwaltungsseitig notwendige Umsetzung frühestens in 5 Jahren ermöglicht.

Die beste Lösung für das Mandarin System: „Alles bleibt beim Alten".

In der etwas „karikierenden" Darstellung der Volkswirtschaft wurde fast belustigend die „übertragene Darstellung" festgestellt:

„Am Lenkrad sitzt die Politik".

Nun sollte ein Fahrer und auch die anderen Betroffenen schon wissen, was er für eine Funktion hat: Ist dieser ein Testfahrer, der die Reifen oder den Motor testet und letztendlich im Kreis fährt oder nur ein Sonntagsfahrer der ziellos durch die Gegend fährt ?

Unter „Politik" sind in diesem Beispiel die Spitzen der Abgeordneten und Parteipolitiker zu verstehen, denn tatsächlich ist das Feld der Politik unendlich groß, weil alles, was noch nicht gesellschaftlich geregelt ist, der Politik und seinen Politikfeldern zuzuordnen ist.

Übertragen auf die Politiker in den Parlamenten sollte man zumindest wissen, wessen Interessen dieser vertritt, d. h. der „gläserne Abgeordnete" ist eine sachlogische Folge einer analytischen Betrachtungsweise.

Eine analytischen Betrachtungsweise bedingt für die **Fahrer der Volkswirtschaft***, wenn schon keinen Führerschein, dann zumindest die* **Offenlegung** *der jeweiligen Interessen, den „gläserne Mandatsträger (Abgeordneten) " und selbstverständlich auch den gläsernen politischen Beamten (Minister).*

Es geht hier lediglich um Offenlegung, nicht um ein Verbot oder eine Einschränkung.

Wenn der Bürger, die Wähler und / oder die Parteimitglieder einen nur halbtagsbeschäftigten, mehrfach in Aufsichtsräten vertretenen Spitzenlobbyisten als ihre Vertretung im Parlament haben möchten, so sollte das **ihr gutes demokratisches Recht** sein.

Auch ich würde mich lieber **halbtags** vom sechsfachen Formel I-Weltmeister **chauffieren** lassen als ganztags durch jemanden, der nicht die Verkehrregeln kennt und jegliches Fahrgefühl vermissen lässt.

Denkbar ist zur Qualitätsverbesserung auch ein stundenweiser Einsatz dieser Halbbeschäftigten als Fahrlehrer für die anderen Chauffeure.

Eine Möglichkeit zur Schaffung des „gläsernen Abgeordneten" kann **derzeit unmöglich** durch die Parteien, durch das Parlament herbeigeführt werden, es wäre wie die Erwartung einer „Selbstkastration".

Frösche legen keinen Teich trocken.

Herrschaaren an Juristen werden Tausende von Gründen dagegen finden, entweder weil verfassungswidrig oder ein Eingriff in die Persönlichkeitsrechte u. s. w.

Hier ist das: „Wir sind das Volk", gefordert.

Vorschlag:

In **Aktionsbündnissen** vieler nichtstaatlicher Organisationen oder Zweckvereine nur zur Schaffung dieses Zustands, in Form vom „Zertifikaten" oder einem „Qualitätssiegel":

„Ich bin ein gläserner Abgeordneter/Kandidat"

Dieses Siegel bekommt **jeder Kandidat irgendeiner Partei**, wenn er seine Nebentätigkeiten offenbart und sich **„moralisch verpflichtet"** einen überparteilichen Gesetzentwurf und deren Annahme zu unterstützen:

„Die Abgeordneten des Bundes-/ Land-/ Kreistages sind mit Annahme des Mandates verpflichtet, alle Einkünfte, deren Zustandekommen und Beraterverträge sowie alle beruflichen und privaten Verbindungen jedermann zugänglich zu machen."

(ggf,. ich bin kein Radikaler):

„Die Höhe der Bezüge (Vergütungen/Einkommen) aus diesen Aktivitäten wird innerhalb des Parlamentes offengelegt." (Anm.: teilweise bereits umgesetzt)

Radikal wäre jedoch der Ansatz, dass es im Rahmen der Gewaltenteilung nun Mitgliedern der Legislative verbietet, auch Mitglied der Exekutive oder Judikative zu sein oder im Umkehrschluss:

Mitglieder der Judikative (Rechtsanwälte, Richter) und der Exekutive (Beamte und Angestellte des öffentlichen Dienstes bzw. von Körperschaften des öffentlichen Rechtes) können keine Abgeordneten des Bundestages oder eines Landtages sein.

Da niemand gezwungen wird, Abgeordneter zu werden, d.h. ein Staatsdiener wird zum Gesetzgeber, ist auch Nachstehendes denkbar:

„Quittierung des Dienstes ist die Konsequenz bei der Wahlannahme".

Ein **beruflicher Wiedereinstieg** im Falle einer erfolgten „Nichtwiederwahl" ist sowieso schon bestens durch „**Übergangsregelungen**" möglich.

Das hier aufgezeigte „**StAbi**"- **Modell**, eröffnet hervorragende Möglichkeiten der Gestaltung eines neuen Lebensabschnittes im Sinne einer „lebenslangen Weiterbildung".

Anmerkungen

Zukunftsfähigkeit heißt aber auch sich geschichtsbewusst mit der Politik und dem Handeln der Politiker , insbesondere in jüngerer Zeit, auseinander zu setzen, nach dem Motto: „Wem nutze diese Aktion!"

Einige Parabeln, die Sie selbst zuordnen, jedoch niemals irgendetwas finden werden, was einen nachzuweisenden Realitätsbezug herstellen könnte. Des Autors und Ihrer Fantasie sind keine Grenzen gesetzt.

A   Die Parabel vom alleingelassenen Politiker

Auf dem Gipfel der seit Jahrzehnten angestrebten Machtposition angekommen, wird ihm auf einem Empfang, bei einem Gläschen Sekt in der Hand, von einem vermögenden Spitzenbürger angedeutet: „Das mit der Unverteilung und der Erbschaftsteuer, das lassen Sie mal. Der Wahlkampf ist doch vorbei."

„Wieso?"

„Meine Freunde lassen sich nicht 20 Mrd. stehlen! Hatten Sie nicht schon mal eine Wahlkampfverletzung ? Haben Sie nicht Familie ? Sie sind doch jetzt fast das, was Sie immer sein wollten !"

Spitzenparteifreund „Nebenbuhler", dem von diesem Gespräch erzählt wurde und hinzugezogener Spitzenparteifreund „Polizeichef": „So etwas kann gar nicht sein ! Du machst Dich nur wichtig! Du willst für Deine Familie und Dich einen Polizeischutz rund um die Uhr? Mach Dich doch nicht lächerlich! Wir brauchen vor Nichts und Niemanden Angst zu haben. Es sind alles unsere Freunde. Basta!" Was tun ?

B   Die Parabel der dankbaren Ehrenwort-Politiker

Der eine hilft bei großen internationalen Problemlösungen, der andere beim Aufbau des Landes. Aufgrund vieler bürgerkriegsbedingten Interessenlagen kommt nur 1/3 dieser Hilfe in Form einer Zuckerlieferung als Lebensmittelhilfe tatsächlich an. Diese „Hilfe" soll 30 Mill. DM betragen haben? Der Rest geteilt ? `

C   Diese Parabel (allg. Art, steht aus Platzgründen auf **Seite 62**)

2. Die zukunftsfähige Gesellschaft

Offensichtlich ist die Gesellschaft zum Umdenken bereit, denn auch in großen Publikumszeitschriften (H.-U. Jörges, in: Stern 34/2007, S. 50) wird der Ruf nach echten Reformen laut („Der deutsche Sündenfall") und sogar von Mahatma Gandhi bereits 1927 genannten „sieben soziale Sünden" zitiert:

1. Politik ohne Prinzipien
2. Reichtum ohne Arbeit
3. Genuss ohne Gewissen
4. Wissen ohne Charakter
5. Geschäft ohne Moral
6. Forschung ohne Menschlichkeit
7. Anbetung ohne Opfer

Die Probleme können nicht länger „ausgesessen" werden, wir brauchen nicht noch mehr Spezialisten (Steuerfachleute, Juristen, Verwalter) der „Verteilung" des bereits erwirtschafteten Geldes", sondern mehr kreative und produktive Arbeitnehmer und Unternehmer, die das Volkseinkommen real erhöhen und gleichzeitig bei Schonung der Umwelt und Ressourcen zu einer Arbeitszeitverkürzung führen.

Die Ratifizierung des Artikel 4 der Konvention zum Schutz der Menschenrechte und Grundfreiheiten irgendwann zwischen 2001 und 2002 vom Deutschen Bundestag bedeutet nun (endlich) den Verbot von Sklaverei.

Bei zusätzlicher Beachtung des Grundgesetzes, Artikel 1: „Die Würde des Menschen ist unantastbar" , bedingt das Sklavereiverbot nun auch Löhne oberhalb der Sozialhilfe, die jeder erzielen muss, wenn dieser 40 h /Woche arbeitet.

> *Ein gesetzliche Mindestlohn - weit oberhalb von Hartz IV - der jeder Person zustehen muss, ist unabdingbar.*

Eine Orientierung/Koppelung am einem leistungsfreien Einkommen durch Alimentation, z.B. höchste Besoldungsgrundlage für Beamte, wäre ein Einkommensabstand (s. SPALG) , z.B. von 1: 12,5 für Hartz IV bzw. von 1:10 für den Mindestlohn, wäre gesetzlich angezeigt.

Weder Arbeit noch andere Einkommensarten sollten in 5 Jahren einen Vermögensmillionär erzeugen können, einen Einkommensmillionär sollte es nicht geben.

Was will ein Mensch mit einem derartigen Einkommen, außer Machtausübung (s. VOWIG)?

Nur eine zusammeneinsetzende Reform mit unterschiedlichen Umsetzungs- und Ergebniszeiten kann das derzeitige demokratische Gesellschaftssystem zukunftsfähig machen.

Zukunftsfähigkeit heißt:

- Chancengleichheit
- Schrumpfung der Konzerne und Handelsketten
- Vergrößerung von Genossenschaften
- Totale gesellschaftliche Durchlässigkeit
- größere Liberalisierung auch im Zusammenleben
- Totale Emanzipation der Frau **und** des Mannes
- Wegfall des Leistungszwanges und Versorgungsdruckes
- Mehr Lebensfreude
- Größeres Interesse an allgemeinen gesellschaftlichen Aktivitäten
- Leistungsträger (Unternehmer, Richter, Lehrer, Anwälte, Handwerker, Ärzte, Ingenieure, Künstler, Sportler) werden nicht mehr beneidet, sondern zu hoch geachteten Personen

Anmerkungen

Zukunftsfähigkeit heißt aber auch sich geschichtsbewusst mit der Vergangenheit, insbesondere mit der jüngeren, auseinander zu setzen.

Noch eine Parabel (A + B auf Seite 72), die Sie selbst zuordnen können, der Fantasie ist keine Grenze gesetzt.

C Die Parabel der ungleichen Brüder

Die Zwei gutsituierte Brüder haben – sicherlich wegen ungünstiger Bedingungen – gemeinschaftlich viel „Mist gebaut" und landen beide in unterschiedlichen Gefängnissen.

Der eine wird nach 3 Jahren mit etwas Demontage seines Besitzes (Eigentümer waren beide Brüder) als Schadenersatz, aus dem Gefängnis entlassen und bekommt 30,000 € Darlehen zur Rehabilitierung. Er kann neues Werkzeug kaufen und auf eigene Rechnung arbeiten.

Nach 35 Jahren ist er einer der reichsten Männer der Welt.

Beim anderen Bruder wird 10 Jahre lang dessen Besitz (Eigentümer waren beide Brüder) demontiert, bekommt Freigang, muss jedoch die Arbeitserträge weitestgehend abliefern.

Nach weiteren 35 Jahren wird er ohne Vermögen freigelassen.

Welche Rechte hat er gegenüber seinem Bruder?

Welche juristische Pflicht, von familiären und/oder moralischen Verpflichtung abgesehen, hat nun der „Erstentlassene", insbesondere, da beide Eigentümer von allen Besitzungen waren ?

3. Ergebnis: Ein neuer Generationenvertrag:

Das Ergebnis bei der Umsetzung von „JuRiG" und „KaRiG" wird nur eine Umverteilung von Arbeit im Sinne von Arbeitszeitverkürzung sein können.

> *Abkehr von der Arbeit bei der „Geld-Umverteilung", hin zu mehr produktiver und kreativer Arbeit.*

Die Umsetzung von „StAbi" wird wirkliche Mitbestimmung und Mitbeteiligungen an Unternehmen als Teil des Arbeitslohnes mit hochmotivierten und hochqualifizierten Mitarbeitern zur Folge haben und entsprechen sicherlich der Intention der meisten Unternehmer, die ein Weiterbestehen ihres Unternehmens „in den besten Händen" wünschen.

Das Ergebnis für das Einkommen als Arbeitnehmer und haftendem Einzelunternehmers allein bei der

Umsetzung von „SCHarm" und „StAG-Tax":

Ein Beispiel , weches für viele Branchen mit **personalintensiven** Kleinbetrieben zutrifft.

Vergleich (ohne Urlaubskosten etc)	Derzeitig		mit "SCHarm"		mit "SCHarm" und "StAG"-Tax	
Brutto-Umsatz		**12.000,00**		**12.000,00**		**12.000,00**
Mw-Steuer	19%	-1.915,97	19%	-1.915,97	5%	-571,43
nicht verrechenbare Umsatzsteuer					20%	-2.400,00
Fix-Kosten (Mieten, etc)		-1.000,00		-1.000,00		-1.000,00
Materialeinsatz vom Umsatz	10%	-1.200,00	10%	-1.200,00	10%	-1.200,00
MwSt-Erstattung	19%	351,26	19%	351,26	5%	104,76
Kosten - AfA		-500,00		-500,00		
Arbeitgeber - "Scharm-Satz"			5%	-600,00	5%	-600,00
Überschuss ohne Pers.-Kosten		**7.735,29**		**7.135,29**		**6.333,33**
Brutto-Pers.-Gehälter von		-5.000,00		-3.600,00		-3.600,00
Arbeitgeber - Soziallasten	23%	-1.150,00	2%	-72,00	2%	-72,00
Arbeitnehmer-Anteil zur SV	21%	-1.050,00	5%	-180,00	5%	-180,00
Mitarbeiter Lohnsteuer	25%	-1.250,00	20%	-720,00	20%	-720,00
Personal-Nettozahlung		**-2.700,00**		**-2.700,00**		**-2.700,00**
Gesamtpersonal-Kosten		**-6.150,00**		**-3.672,00**		**-3.672,00**
Zu verst. Überschuss in €		1.585,29		3.463,29		2.661,33
Unternehmer Ek-Steuer	25%	-396,32	30%	-1.038,99	0%	
AfA- Hinzu		500,00		500,00		
Überschuss in €		**1.688,97**		**2.924,31**		**2.661,33**
Abgabe vom Umsatz		-8.111,03		-6.875,69		-6.638,67
Staatsquote vom Umsatz		**67,6%**		**57,3%**		**55,3%**
Zuschläge auf **Netto-Löhne**		3.450,00		972,00		972,00
Staatsquote auf Netto-Löhne		**127,8%**		**36,0%**		**36,0%**

- Das Verhältnis von motivierenden Netto-Löhnen zu unternehmerisch belastenden Gesamt-Personalkosten, zuzüglich 25 % Personal –Verwaltungskosten und 25 % sonstigen Personalnebenkosten verändert sich von

> derzeitig **1 : 3,4**

> bei der Umsetzung nur von SCHarm auf **1 : 2,0**

> und bei reiner Zusatzarbeit (Auslastung) **1 : 1,4**

- Dieses bedeutet, dass von einem Normal-Haushalt nicht mehr fast **vier Stunden** gearbeitet werden muss, um eine „normale" Dienstleistungsstunde zu bezahlen, sondern nur noch **zwei Stunden,** wobei bei Nichtberücksichtigung der Pers.-Zusatzkosten im Falle von „zwingender Arbeitsauslastung" **seitens des Unternehmens** auch **nur 1,4 h möglich** sind.

- Der Arbeitszeitgewinn lässt sich nur erahnen.
  Er entsteht, wenn

> **nun nicht mehr Belege fürs Finanzamt** oder die Sozialversicherungsträger zu sammeln sind,

> **nun nicht mehr über deren Begründung** (Lohn, Betriebs- oder Privatausgabe, steuerliche und sozialversicherungsrechtliche Besonderheiten) nachzudenken ist und

> **nun nicht mehr voller Selbstzweifel** kontrolliert werden muss, ob nicht irgendeine von 20.000 Vorschriften missachtet wurde (Steuerhinterziehung, Veruntreuung von Sozialversicherungsbeiträgen, etc.).

- Wenn aus Wettbewerbsgründen der persönlich haftende Unternehmer lediglich nur den **gleichen Überschuss** erwirtschaften kann oder will, bzw. öffentliche Einrichtungen (Kranken- und Pflegedienste, Kindertagesstätten und –gärten, etc) keine weiteren Überschüsse bzw. Rücklagen erwirtschaften wollen, führt dieses zu einer **Preissenkung** dieser Dienstleistungen um ca. 21 % oder zu einer möglichen Steigerung der Personalkosten um ca. 50 % durch **höhere Gehälter,** besser durch Neueinstellungen oder einem „Mix aus Allem".

- Der Weg ist das Ziel vieler Politiker (und auch vieler Philosophen) , jedoch wer nicht weiß wohin er will, sollte sich nicht wundern, plötzlich dort gelandet zu sein, wohin er nie wollte.

Die Gesellschaft wird beispielsweise erst zukunftsfähig, wenn sie

- die Volkswirtschaft als System versteht

- den **Menschen**, nicht das Kapital in den Mittelpunkt stellt (demokratischer Sozialismus statt „Kasino"-Kapitalismus)
- mit einem starken Staat, auf dem Boden des Grundgesetzes,
- mit einer sachgerechter Sanktionierung von Gesetzesverstößen und
- mit **marktwirtschaftlichen** Mitteln (z. B. Steuerprogression),

z.b. die Managergehälter (50 *) x Mindestlohn) begrenzt, denn die Masse der kleinen Kapitaleigner (Aktionäre) wird dann höhere Dividende bevorzugen, die nun nur der persönlichen Quellensteuer bzw. Progression (Ziel: 50 *) x Mindestlohn) unterliegen).

*) s. „SPALG"-System im Sonderdruck „VOWIG".

Notwendige, sinnvolle **Schritte** zur Erreichung der angestrebten Einzelreformen:

Zeitlicher Ablauf	4 Jahre	10 Jahre	2 Jahre	2 Jahre	4 Jahre
Art der Reform	Sozial-Lasten Verteilung "SCHarm"	Bildung "StAbi"	Prozess- Kosten "JuRiG"	Kapital- Gesell- schaftsrecht "KaRiG"	Steuer- recht „StAG -Tax"

Nach inhaltlicher Umsetzung von „SCHarm", „Stabi", „JuRiG", „KaRiG" oder wie diese dann namentlich benannt werden und auch anderer Reformen, könnte als **Endstufe** ein **neuer Gesellschaftsvertrag** stehen.

In einer systemorientierten Volkswirtschaft wird das Vererben von Vermögenswerten (Erbschaft) nicht mehr notwendig sein *), da die Gesellschaft für die lebenslange Aus- und Weiterbildung und auch für die Alterssicherung sorgen wird.

*) Sie haben richtig gelesen: Dann könnte die Erbschaftsteuer stark angehoben werden, ob 100 % sinnvoll sein können, wird die Entwicklung und Umsetzung der Reformen zeigen. Wo liegt der Sinn wenn 50-60-Jährige nun 80-Jährige beerben?

Nach Berücksichtigung von existenziellen Freibeträgen in 1. Erbfolge (in Höhe des üblichen hälftigen Anteils an einem Einfamilienhaus für den Ehepartner), wird die durch Verkauf an Mitarbeiter oder Einzelunternehmern realisierte Summe an die Sozialkassen für Kinder- und Ausbildungsfinanzierung eingezahlt.

Achtung:
Nicht erarbeiteter Reichtum gefährdet Ihre Gesundheit

Nicht selbst erarbeitete Vermögenswerte verändern den Charakter, sind motivationsmindernd und somit leistungsfeindlich und **verhindern die Befriedigung von sozialen Bedürfnissen** .

Nachtrag des Autors zum Buch

Ihnen, liebe(r) Leser(in), sind zu viele neue Begriffe aufgetaucht oder die Ursachen und Zusammenhänge blieben unklar oder missverständlich, so empfehle ich Ihnen zumindest den Sonderdruck (extrem kostengünstig), "**VOWIG**" vorher zu lesen.
   „**Volkswirtschaft als Instrument der Gesellschaftskritik**", unter ISBN **978-3-8370-5878-9** zum Preis von z.Z. **5,00 €**
Dort werden in allgemein verständlicher Form komplizierter Einzelaspekte der Volkswirtschaft erklärt und Zusammenhänge nachvollziehbar hergestellt und ein Modell zur Lohngerechtigkeit, das „**SPALG**"-Modell vorgestellt.

Interessiert Sie lediglich noch ein anderes Problemfeld zu den eingangs gestellten **Fragen**:

a) Finanzierung des Sozial-Versicherungs-Systems
   Frage: Warum wird nur die „Arbeit" mit der sozialen Sicherung der Gesellschaft belastet?
   Frage: Warum wird –obwohl die Sozial-Versicherungsbeiträge für gesamtgesellschaftliche Aufgaben zweckentfremdet werden (=Sozial -Steuern) – willkürlich eine sog. Beitragsbemessungsgrenze gesetzt?

Anstatt an alle Zitzen gleichmäßig zu melken, nimmt der Bauer immer nur diese eine ...

j·SPRIEWALD'08

Im Sonderdruck: Das „SCHarm"-Modell
unter ISBN **978-3-8370-1922-3** zum Preis z.Z. **6,90 €**
werden die unter a) gestellten, meiner Meinung nach **vordring-
lichsten** Fragen unserer Gesellschaft aufgearbeitet und ein
„**charmantes**" Modell einer Lösung vorgestellt.

c) Gerichtsabläufe (Prozessdauer) und Kostenverteilung

Frage: Warum wird jedes „Sich –Wehren" zu einem wirtschaftlichen Harakiri ?

Frage: Warum muss –neben den Bürgerpflichten –ein Unternehmer zusätzlich bei Streitigkeiten zwischen Bürger und der
Exekutive immer unentgeltlich für Verwaltungsauflagen
bezahlen, egal ob diese Auflagen / Anordnungen / Zahlbescheide zu Recht oder Unrecht ergangen sind ?

d) Kapital -/ Überschuss-Zweckentfremdung.

Frage: Wodurch soll es gerechtfertigt sein, das erzielte Gewinne
an den tatsächlichen Kapitalbesitzern vorbei in Risikogeschäfte oder sogar in Konkurrenzunternehmen fließen?

Frage: Verdienen die Vorstände nicht genug, um mit „eigenem
Geld" neue, risikobehaftete Geschäftsideen zu verfolgen ?

e) Steuerrecht

Frage: Ist eine neue „Moral" gefragt oder genügt der Hinweis, dass
Fehlbeträge des Staates doch nur bei den „Kleinen" wieder
einkassiert werden, die zwar 30 € illegal dem Staat vorenthalten haben und nun dafür 100 € höhere steuern Zahlen müssen?

Jeder weiß / macht / billigt es, das „Kavaliersdelikt: Steuerhinterziehung", das letztendlich nur den „Grossen"
etwas bringt.

Im Sonderdruck „Risikogerechtigkeit"
unter ISBN **978-3-8370-2436-4** zum Preis von z.Z. **9,90 €**
wird auch rechtsuchenden Streitern, Unternehmern und Kapitalbesitzern die Lanze gebrochen.

Es sind keine vaterlandslosen Egoisten, sondern auch „das
Volk", dass von dieser Gesellschaft erwarten, dass das „getra-
gene Risiko der wirtschaftlichen Existenzvernichtung" gerecht
honoriert, jedoch zumindest durch gesetzliche Rahmenbedingungen, die gerecht und sozial sind, minimiert wird.

Es werden die unter c) und d) gestellten Fragen verdeutlicht, die
als Problem scheinbar nicht so wichtig, weil immer nur „Einzelne" davon betroffen sind und die

---

Lösungsmodelle: „**JuRiG**" und „**KaRiG**"
vorgestellt, sowie zu den unter
e) gestellten Fragen wird nicht moralisiert, sondern die entstandene Unvermeidbarkeit von „Steuerverkürzungen" gegeißelt und
an die „Bierdeckel" Steuererklärung „Flat-Tax" erinnert, jedoch
ein anderes, gerechteres und einfaches Modell gewählt, das
„**StAG"-Tax -Modell.**

Konnte mit diesem kostengünstigen Sonderdruck Ihr Interesse an
der Gesamtproblematik geweckt werden, empfehle ich Ihnen die
Gesamtausgabe dieser Buchreihe unter dem Titel:
„Das Mandarin(en) – Syndrom"
unter **ISBN 978-3-8370-1306-1** zum Preis von z.Z. **19,90 €**
Diesen Sonderdruck - weil in der Gesamtausgabe enthalten - können
Sie ja im Freundes- bzw. Bekanntenkreis weiterverschenken.

Literatur-Verzeichnis:

Anmerkung: Es ergibt keinen Sinn hier die Literatur aufzuzählen, die in den letzten 50 Jahren in irgendeiner Weise zur Gedankenfindung beigetragen hat; dementsprechend erfolgt nur die Benennung der Literatur, die mich in letzter Zeit beeindruckt hat und die ich teilweise verinnerlicht habe, sowie dem Leser die Möglichkeit eröffnen soll, gleiches zu erfahren.

1. Borchert, Jürgen:, Richter am Hessischen Landessozialgericht, in: Kölner Stadtanzeiger vom 6.3.07

2. Fromm, Erich: „Haben oder Sein", DTV 2000, ISBN 3-423-36103-4

3. Icke, David: „Alice im Wunderland und das World Trade Center Desaster", Mosqito Verlag, Potsdam 2005, ISBN 3-928-96311-2

4. Institut der Deutschen Wirtschaft , „Deutschland in Zahlen", Köln, Ausgabe: 2004

5. Moore, Michael: "Stupid white men", Piper Verlag GmbH, München 2002, ISBN 3-492-0417-0

6. Miegel, Meinhard: Die deformierte Gesellschaft, Propyläen Verlag, 10. Auflage 2002 by Ullstein, München, ISBN 3-549-07154-x

7. Nägele, Frank: Kölner Stadtanzeiger, Ausgabe vom 25.10.04, Seite C4

8. John Rawl: „Gerechtigkeit als Fairneß"; Suhrkamp Verlag 2003; aus dem amerikanischen übersetzt: „Justice as Fairness; 2001

9. Steingart, Gabor: Abstieg eines Superstars, Piper Verlag 2004 ISBN 3492046150

Stichwortverzeichnis

Stichwortverzeichnis